D1729465

Federico García Lorca
Die Gedichte

Spanisch – Deutsch

*Ausgewählt und übertragen
von Enrique Beck*

Band 1

Wallstein Verlag

Inhalt

De:

Libro de Poemas

(1921)

Aus:
Gedichtbuch
(1921)

¡Cigarra!

3 de agosto de 1918
Fuente Vaqueros, Granada

A María Luisa

¡Cigarra!
¡Dichosa tú!
Que sobre lecho de tierra
Mueres borracha de luz.

Tú sabes de las campiñas
El secreto de la vida,
Y el cuento del hada vieja
Que nacer hierba sentía
En ti quedóse guardado.

¡Cigarra!
¡Dichosa tú!
Pues mueres bajo la sangre
De un corazón todo azul.

La luz es Dios que desciende,
Y el sol
Brecha por donde se filtra.

¡Cigarra!
¡Dichosa tú!
Pues sientes en la agonía
Todo el peso del azul.

Todo lo vivo que pasa
Por las puertas de la muerte

Zikade!

3. August 1918
Fuente Vaqueros, Granada

Für María Luisa

Glückselge Zikade! Du stirbst
trunken von Licht auf dem Erdbett.
Dir kündet die Flur des Lebens
Geheimnis. Bewahrt blieb in dir
die Mär von der alten Zaubrin,
die sprießen hörte das Gras.

Glückselge Zikade! Du stirbst
im Blut eines Herzens aus Blau.
Das Licht ist Gott, der herabsteigt,
die Sonne – Bresche des Himmels,
durch die der Herr sich verströmt.

Glückselge Zikade! Du fühlst
vergehend der Bläue Gewicht.

Des Todes Tore durchschreitet,
was lebt, mit hangendem Haupte

Va con la cabeza baja
Y un aire blanco durmiente.
Con habla de pensamiento.
Sin sonidos …
Tristemente,
Cubierto con el silencio
Que es el manto de la muerte.

Mas tú, cigarra encantada,
Derramando son te mueres
Y quedas transfigurada
En sonido y luz celeste.

¡Cigarra!
¡Dichosa tú!
Pues te envuelve con su manto
El propio Espíritu Santo,
Que es la luz.

¡Cigarra!
Estrella sonora
Sobre los campos dormidos,
Vieja amiga de las ranas
Y de los oscuros grillos,
Tienes sepulcros de oro
En los rayos tremolinos
Del sol que dulce te hiere
En la fuerza del Estío,
Y el sol se lleva tu alma
Para hacerla luz.

Sea mi corazón cigarra
Sobre los campos divinos.

und bleicher schlafender Miene.
Allein nur spricht der Gedanke,
doch lautlos …
mit Trauer erfüllt,
bedeckt mit tiefester Stille,
dem Umhangtuche des Todes.

Doch du, entzückte Zikade,
vergießest im Sterben noch Klang,
und zu Klang und himmlischem Licht
wirst du im Wandel verklärt.

Glückselge Zikade! Dich hüllt
der Heilige Geist, der das Licht ist,
in seine Capa aus Strahlen.

Zikade! Tönender Stern
über den schlafenden Äckern,
du alte Freundin der Frösche
und der verborgenen Grillen,
Grabmäler hast du aus Gold
im zitternden Schmelz der Sonne,
die süß dich im Sommer versehrt,
und die Sonne entlockt dir die Seele,
auf daß sie werde zu Licht.

Mein Herz, sei Zikade auch du
auf göttlich erhabnem Gefild.

Que muera cantando lento
Por el cielo azul herido
Y cuando esté ya expirando
Una mujer que adivino
Lo derrame con sus manos
Por el polvo.

Y mi sangre sobre el campo
Sea rosado y dulce limo
Donde claven sus azadas
Los cansados campesinos.

¡Cigarra!
¡Dichosa tú!
Pues te hieren las espadas invisibles
Del azul.

Und langsam singend verglühe,
vom blauen Himmel verwundet,
und während du stirbst, verstreue
eine Frau dich, die ich erahne,
mit ihren Händen im Staub.

Und rötlicher weicher Lehm
werde mein Blut auf dem Acker,
den die ermüdeten Bauern
mit eisernen Hacken zerwühlen.

Glückselge Zikade! Dich treffen
die unsichtbarn Degen des Blaus.

La sombra de mi alma

Diciembre de 1919
Madrid

La sombra de mi alma
Huye por un ocaso de alfabetos,
Niebla de libros
Y palabras.

¡La sombra de mi alma!

He llegado a la línea donde cesa
La nostalgia,
Y la gota de llanto se transforma,
Alabastro de espíritu.

(¡La sombra de mi alma!)

El copo del dolor
Se acaba,
Pero queda la razón y la sustancia
De mi viejo mediodía de labios,
De mi viejo mediodía
De miradas.

Un turbio laberinto
De estrellas ahumadas
Enreda mi ilusión
Casi marchita.

¡La sombra de mi alma!

Der Schatten meiner Seele

Dezember 1919
Madrid

Der Schatten meiner Seele
durchflieht ein Verdämmern von Alphabeten,
Büchernebel
und Worte.

Der Schatten meiner Seele!

Ich bin an die Grenze gelangt, wo aufhört
die Wehmut,
und der Wehklagetropfen[1] sich verwandelt
in Geistalabaster.

(Der Schatten meiner Seele!)

Die Schmerzensflocke
vergeht,
aber es bleibt der Grund[2] und der Gehalt
meines alten Lippenmittags,
meines alten Blicke-
Mittags.

Ein trüber Wirrwarr
diesiger Gestirne
umgarnt meine Träumerei,
die fast verwelkt ist.

Der Schatten meiner Seele!

1   *llanto:* «Weinen», «Jammern», «Klage».
2   *razón:* «Grund»; «Vernunft».

Y una alucinación
Me ordeña las miradas.
Veo la palabra amor
Desmoronada.

¡Ruiseñor mío!
¡Ruiseñor!
¿Aún cantas?

Und eine Sinnestäuschung
melkt mir die Blicke.
Ich sehe das Wort Liebe
zusammengestürzt.

Meine Nachtigall!
Nachtigall!
Singst du noch?

El diamante

Noviembre de 1920
Granada

El diamante de una estrella
Ha rayado el hondo cielo.
Pájaro de luz que quiere
Escapar del universo
Y huye del enorme nido
Donde estaba prisionero
Sin saber que lleva atada
Una cadena en el cuello.

Cazadores extrahumanos
Están cazando luceros,
Cisnes de plata maciza
En el agua del silencio.

Los chopos niños recitan
Su cartilla. Es el maestro
Un chopo antiguo que mueve
Tranquilo sus brazos muertos.

Ahora, en el monte lejano,
Jugarán todos los muertos
A la baraja. ¡Es tan triste
La vida en el cementerio!

¡Rana, empieza tu cantar!
¡Grillo, sal de tu agujero!
Haced un bosque sonoro
Con vuestras flautas. Yo vuelvo
Hacia mi casa intranquilo.

Der Diamant

November 1920
Granada

Der Diamant eines Sterns
hat die Tiefe des Himmels geritzt.
Lichtvogel, welcher das All,
dieses unermeßliche Nest,
darin er gefangen war, flieht,
aber nicht weiß, daß gebunden
am Hals eine Kette ihn hält.

Außermenschliche Jäger
jagen nach Abendsternen,
Schwänen gediegenen Silbers
im tiefen Wasser der Stille.

Die Erlenkinderchen plappern
und lesen aus ihren Fibeln.
Eine alte Erle, ihr Lehrer,
bewegt ihre dürren Arme.

Jetzt spielen wohl alle Toten
im fernen Berg ein Spiel Karten.
Wie traurig, das Leben im Friedhof!

Frosch, beginne dein Quaken!
Grille, verlasse dein Loch!
Zaubert mit eueren Flöten
einen Wald von Tönen hervor.
Unruhig wende den Schritt ich
nach meinem Hause zurück.

Se agitan en mi cerebro
Dos palomas campesinas
Y en el horizonte, ¡lejos!,
Se hunde el arcaduz del día.
¡Terrible noria del tiempo!

Es flattern durch meine Gedanken
zwei ländliche Tauben; und fern,
ferne am Rand des Gesichts[1]
taucht unter des Tages Gefäß.
Schreckliches Schöpfrad der Zeit!

1 *horizonte:* «Horizont».

Cantos nuevos

Agosto de 1920
Vega de Zujaira

Dice la tarde:
«¡Tengo sed de sombra!».
Dice la luna: «Yo, sed de luceros».
La fuente cristalina pide labios
Y suspiros el viento.

Yo tengo sed de aromas y de risas.
Sed de cantares nuevos
Sin lunas y sin lirios,
Y sin amores muertos.

Un cantar de mañana que estremezca
A los remansos quietos
Del porvenir. Y llene de esperanza
Sus ondas y sus cienos.

Un cantar luminoso y reposado,
Pleno de pensamiento,
Virginal de tristezas y de angustias
Y virginal de ensueños.

Cantar sin carne lírica que llene
De risas el silencio.
(Una bandada de palomas ciegas
Lanzadas al misterio.)

Cantar que vaya al alma de las cosas
Y al alma de los vientos
Y que descanse al fin en la alegría
Del corazón eterno.

Neue Lieder

August 1920
Vega de Zujaira

Der Nachmittag sagt: «Ich habe Durst nach Schatten!»
Der Mond sagt: «Ich habe Durst nach Sternen».
Die Quelle aus Kristall verlangt nach Lippen,
und Seufzer haucht der Wind.

Ich habe Durst nach Düften und nach Lachen,
nach neuen Liedern Durst
mit Monden nicht, nicht Lilien
und nicht mit toten Lieben.

Ein Sang von morgen, welcher tief erschüttre
die ruhigen, stillen Wasser
der Zukunft und mit Hoffnung ganz erfülle
die Wellen und den Schlamm.

Ein leuchtender und lang gelagerter[1] Gesang
der voll ist von Gedanken,
jungfräulich ist von Traurigkeiten, Ängsten
und jungfräulich von Träumen.

Ein Sang, der ohne Lyrikfleisch erfülle
die Stille mit Gelächter
(ein Schwarm von blinden Tauben, aufgebrochen
zum Mysterium).

Ein Sang, der zu der Dinge Seele gehen soll
und zu der Winde Seele,
und der dann schließlich ruhe in der Freude
des ewigen Herzens.

---

[1]   *reposado:* «ruhig»; «gut gelagert».

El presentimiento

Agosto de 1920
Vega de Zujaira

El presentimiento
Es la sonda del alma
En el misterio.
Nariz del corazón,
Palo de ciego
Que explora en la tiniebla
Del tiempo.

Ayer es lo marchito,
El sentimiento
Y el campo funeral
Del recuerdo.

Anteayer,
Es lo muerto.
Madriguera de ideas moribundas,
De pegasos sin freno.
Malezas de memorias,
Y desiertos
Perdidos en la niebla
De los sueños.

Nada turba los siglos
Pasados.
No podemos
Arrancar un suspiro
De lo viejo.
El pasado se pone
Su coraza de hierro,

Die Ahnung

August 1920
Vega de Zujaira

Die Ahnung
ist Sonde der Seele
in das Mysterium.
Nase des Herzens,[1]
die das Dunkel der Zeit
durchforscht.

Gestern – ist das Verwelkte,
das Gefühl
und die Grabstatt
der Erinnrung.

Vorgestern
ist das Gestorbne.
Lager todkranker Ideen
zaumloser Flügelrosse.
Gestrüpp von Erinnerungen,
Wüsten,
im Nebel der Träume
verloren.

Nichts stört die vergangnen
Zentennien.
Dem Alten
entreißen wir nicht
einen Seufzer.
Das Vergangne legt an
seinen eisernen Harnisch

---

[1] Der nachfolgende Vers: *«Palo de ciego»* – «Stock des Blinden»
ist bei Beck nicht übersetzt.

Y tapa sus oídos
Con algodón del viento.
Nunca podrá arrancársele
Un secreto.

Sus músculos de siglos
Y su cerebro
De marchitas ideas
En feto
No darán el licor que necesita
El corazón sediento.

Pero el niño futuro
Nos dirá algún secreto
Cuando juegue en su cama
De luceros.
Y es fácil engañarle;
Por eso,
Démosle con dulzura
Nuestro seno,
Que el topo silencioso
Del presentimiento
Nos traerá sus sonajas
Cuando se esté durmiendo.

und mit Windwatte stopft's sich
die Ohren.
Nie entringen wir ihm
ein Geheimnis.

Seine Jahrhundertemuskeln,
sein Gehirn
fötal schon verwelkter
Bilder
können den Saft nicht spenden,
den das durstige Herz dringend braucht.

Aber das künftige Kind
wird ein Geheimnis uns künden,
wenn es im Sternbettchen
spielt.
Es ist leicht zu betrügen;
und deswegen
laßt uns ihm zärtlich
unseren Busen geben.
Denn der stille Maulwurf
der Ahnung
bringt uns, während es schläft,
all seine Trommelschellen.

Canción para la luna

Agosto de 1920

Blanca tortuga,
Luna dormida,
¡Qué lentamente
Caminas!
Cerrando un párpado
De sombra, miras
Cual arqueológica
Pupila.
Que quizás sea …
(Satán es tuerto)
Una reliquia,
Viva lección
Para anarquistas.
Jehová acostumbra
Sembrar su finca
Con ojos muertos
Y cabecitas
De sus contrarias
Milicias.

Gobierna rígido
La Fez divina
Con su turbante
De niebla fría,
Poniendo dulces
Astros sin vida
Al rubio cuervo
Del día.

Lied für den Mond

August 1920

Blasse Schildkröte,
schläfriger Mond,
wie wanderst du
langsam!
Senkst du ein Lid
nieder aus Schatten,
so schaust du wie ein
archäologisches
Auge.
Welches vielleicht …
(ein Aug' nur hat Satan)
eine Reliquie ist.
Lebendige Lehre
für Anarchisten.
Es pflegt Jehova
sein Feld zu besäen
mit toten Augen
und kleinen Köpfchen
der ihm feindlichen
Truppen.

Es herrscht mit Härte
das göttliche Antlitz[1]
mit seinem Turban
aus frostigen Nebeln
und wirft dem blonden
Raben des Tages

---

[1] Bis heute ist nicht entschieden, ob Lorca hier *La Fez divina* – «die
göttliche [Stadt] Fez» schrieb, oder *La faz divina* – «das göttliche
Antlitz» (wie in der von Beck verwendeten Aguilar-Ausgabe).

Por eso, luna,
¡Luna dormida!,
Vas protestando,
Seca de brisas,
Del gran abuso
La tiranía,
De ese Jehová
Que os encamina
Por una senda,
¡Siempre la misma!,
Mientras Él goza
En compañía
De Doña Muerte,
Que es su querida …

Blanca tortuga,
Luna dormida,
Casta Verónica
Del sol que limpias
En el ocaso
Su faz rojiza.
Ten esperanza,
Muerta pupila,
Que el gran Lenín
De tu campiña
Será la Osa
Mayor, la arisca
Fiera del cielo
Que irá tranquila
A dar su abrazo
De despedida,
Al viejo enorme
De los seis días.

leblose, holde
Gestirne hin.
Deswegen, Mond,
schläfriger Mond!,
verwahrst du dich,
trocken von Brisen,
gegen die Tyrannis
des großen Mißbrauchs
dieses Jehovas,
der ewig euch über
einen urgleichen Pfad schickt!,
während er selber
stets in Gesellschaft
genießt von Frau Tod,
seiner Geliebten ...

Blasse Schildkröte,
schläfriger Mond,
keusche Veronika
der Sonne, deren rötliches
Antlitz du säuberst,
wenn sie hinabsinkt.
Hege nur Hoffnung,
tote Pupille,
denn deiner Regionen
Großer Lenin
heißt Großer Bär,
die unbändge Bestie
des Himmelsgewölbes,
die ruhig einst hingeht,
den Abschied zu geben
dem riesigen Alten
der bekannten sechs Tage.

Y entonces, luna
Blanca, vendría
El puro reino
De la ceniza.

(Ya habréis notado
Que soy nihilista.)

Und dann, blasser Mond,
kommt wohl das pure
Staubreich zu uns.

(Ihr habt wohl bemerkt,
ich bin Nihilist.)

Sueño

Mayo de 1919

Mi corazón reposa junto a la fuente fría.

(Llénalo con tus hilos,
Araña del olvido.)

El agua de la fuente su canción le decía.

(Llénala con tus hilos,
Araña del olvido.)

Mi corazón despierto sus amores decía.

(Araña del silencio,
Téjele tu misterio.)

El agua de la fuente lo escuchaba sombría.

(Araña del silencio,
Téjele tu misterio.)

Mi corazón se vuelca sobre la fuente fría.

(¡Manos blancas, lejanas,
Detened a las aguas!)

Y el agua se lo lleva cantando de alegría.

(¡Manos blancas, lejanas,
Nada queda en las aguas!)

Traum

Mai 1919

Mein Herz ruht aus beim kalten Quell.

(Füll es mit deinen Fäden,
du Spinne des Vergessens.)

Ihm sang sein Lied des Wassers Quell.

(Füll es mit deinen Fäden,
du Spinne des Vergessens.)

Mein Herz, erwacht, erzählt' ihm seine Lieben.

(Der Stille Spinne, du,
web ihm doch dein Mysterium.)

Mit Schwermut hört dem zu das Wasser aus dem Quell.

(Der Stille Spinne, du,
web ihm doch dein Mysterium.)

Mein Herz schlägt auf das Wasser des kalten Quells.

(Ihr weißen, fernen Hände,
nun haltet auf die Wasser.)

Und fort trägt es das Wasser und singt dabei vor Freude.

(Ihr weißen, fernen Hände,
es bleibt nichts mehr im Wasser!)

Se ha puesto el sol

Agosto de 1920

Se ha puesto el sol.
Los árboles
Meditan como estatuas.
Ya está el trigo segado.
¡Qué tristeza
De las norias paradas!

Un perro campesino
Quiere comerse a Venus, y le ladra.
Brilla sobre su campo de pre-beso,
Como una gran manzana.

Los mosquitos – pegasos del rocío –
Vuelan, el aire en calma.
La Penélope inmensa de la luz
Teje una noche clara.

Hijas mías, dormid, que viene el lobo,
Las ovejitas balan.
¿Ha llegado el otoño, compañeras?,
Dice una flor ajada.

¡Ya vendrán los pastores con sus nidos
Por la sierra lejana!
Ya jugarán las niñas en la puerta
De la vieja posada,
Y habrá coplas de amor
Que ya se saben
De memoria las casas.

Die Sonne ist untergegangen

August 1920

Die Sonne ist untergegangen. Die Bäume
sind in sich versenkt wie Statuen.
Das Korn ist schon gemäht.
Wie traurig
die stillstehnden Schöpfräder!

Ein bellender Bauernrüde
will Venus verschlingen.
Sie strahlt auf dem Vor-Kuß-Lager
gleich einem großen Apfel.

Die Mücken – Flügelpferde des Taus –
durchfliegen die ruhige Luft.
Die unermeßliche Penelope des Lichts
webt eine klare Nacht.

– Schlaft, meine Töchter, der Wolf kommt,
so blöken die Schäfchen.
– Freundinnen, ist es schon Herbst?,
fragt eine runzlige Blüte.

Bald kommen vom fernen Gebirge
die Hirten zurück mit dem Hausrat.[1]
Bald spielen die kleinen Kinder
in der Türe der alten Schenke,
bald gibt es die Liebesliedchen,
welche die Häuser
schon auswendig wissen.

---

1   *nido:* «Nest».

Tarde

Noviembre de 1919

Tarde lluviosa en gris cansado,
Y sigue el caminar.
Los árboles marchitos.
Mi cuarto, solitario.

Y los retratos viejos
Y el libro sin cortar …

Chorrea la tristeza por los muebles
Y por mi alma.
Quizá,
No tenga para mí Naturaleza
El pecho de cristal.

Y me duele la carne del corazón
Y la carne del alma.
Y al hablar,
Se quedan mis palabras en el aire
Como corchos sobre agua.

Sólo por tus ojos
Sufro yo este mal,
Tristezas de antaño
Y las que vendrán.

Tarde lluviosa en gris cansado,
Y sigue el caminar.

Nachmittag

November 1919

Mattgraue, regnichte Dämmrung,
Wanderung ohne Ende.
Welk sind die Bäume – einsam
mein Zimmer, die alten Portraits,
das unaufgeschnittene Buch.

Kümmernis quillt aus den Möbeln
und kriecht mir über die Seele.
Für mich hat vielleicht die Natur
keine kristallene Brust.

Es schmerzt mich das Fleisch des Herzens,
es schmerzt mich das Fleisch der Seele.
Auf der Luft, wenn ich spreche, schwimmt
wie Kork auf dem Wasser mein Wort.

Nur deiner Augen wegen
erleide ich dieses Übel,
Trübnisse, die lang her sind
und welche noch kommen werden.

Mattgraue, regnichte Dämmrung,
Wanderung ohne Ende.

Hay almas que tienen ...

8 de febrero de 1920

Hay almas que tienen
Azules luceros,
Mañanas marchitas
Entre hojas del tiempo,
Y castos rincones
Que guardan un viejo
Rumor de nostalgias
Y sueños.

Otras almas tienen
Dolientes espectros
De pasiones. Frutas
Con gusanos. Ecos
De una voz quemada
Que viene de lejos
Como una corriente
De sombra. Recuerdos
Vacíos de llanto,
Y migajas de besos.

Mi alma está madura
Hace mucho tiempo,
Y se desmorona
Turbia de misterio.
Piedras juveniles
Roídas de ensueño
Caen sobre las aguas
De mis pensamientos.
Cada piedra dice:
¡Dios está muy lejos!

Seelen gibt es

8. Februar 1920

Seelen gibt es mit blauen
leuchtenden Morgensternen,
modernden Morgenstunden
zwischen den Blättern der Zeit –
mit keuschen Winkeln, in denen
ein altes Raunen von Sehnsucht,
von Schlaf und Träumen sich birgt.

In anderen Seelen dunkeln
der Leidenschaft schmerzvolle Schatten,
von Maden zerfressene Früchte,
Nachhall verbrannter Schreie,
die her aus der Ferne fluten
wie ein chimärischer Fluß.
Hohle Erinnrung an Klagen
und Brosamen, Krumen von Küssen.

Seit langem ist reif meine Seele,
zerfällt, von Geheimnis umnachtet.
Noch jugendlich stürzen Steine,
von Illusionen benagt,
auf das Wasser meiner Gedanken.
Jeder Stein sagt: Gott ist sehr weit!

Patio húmedo

1920

Las arañas
Iban por los laureles.

La casualidad
Se va tornando en nieve,
Y los años dormidos
Ya se atreven
A clavar los telares
Del siempre.

La Quietud hecha esfinge
Se ríe de la Muerte
Que canta melancólica
En un grupo
De lejanos cipreses.

La yedra de las gotas
Tapiza las paredes
Empapadas de arcaicos
Misereres.

¡Oh, torre vieja!
Llora
Tus lágrimas mudéjares
Sobre este grave patio
Que no tiene fuente.

Las arañas
Iban por los laureles.

Feuchter Hof

1920

Die Spinnen verwebten den Lorbeer.
Der Zufall zerstäubt zu Schnee,
und die verschlafenen Jahre
wagen schon, aufzuhalten
den Webstuhl des Immers.

Die Ruhe, zur Sphinx geworden,
lacht über den im dunklen
Hauche ferner Zypressen
melancholisch singenden Tod.

Der Epheu der Tropfen berankt
die von archaischen Misereres
zutiefst durchdrungenen Mauern.

Weine, o alter Turm, deine
Tränen christlicher Baukunst
und arabischer Ornamentik[1]
über diesen tiefernsten Hof,
darin kein Springbrunnen spielt.

Die Spinnen verwebten den Lorbeer.

---

[1] Das Adjektiv *mudéjar* bezeichnet die unter christlicher
Herrschaft lebenden Mauren und ihre Baukunst.

Hora de estrellas

1920

El silencio redondo de la noche
Sobre el pentágrama
Del infinito.

Yo me salgo desnudo a la calle,
Maduro de versos
Perdidos.
Lo negro, acribillado
Por el canto del grillo,
Tiene ese fuego fatuo,
Muerto,
Del sonido.
Esa luz musical
Que percibe
El espíritu.

Los esqueletos de mil mariposas
Duermen en mi recinto.

Hay una juventud de brisas locas
Sobre el río.

Sternstunde[1]

1920

Stille Note der Nacht
auf des Unendlichen Tonblatt.

Elend stürz ich zur Straße,
reif von verlorenen Versen.
Das Schwarze, vom Zirpen der Grillen
durchsiebt, hat jenes so fahle
Irrlicht des Klangs – das im Geist
empfundene Licht aus Musik.

Die Skelette von tausend Faltern
schlafen umschlossen von mir.

Ausgelassene Brisen
tollen jung überm Flusse.

1   *Hora de estrellas:* «Stunde der Sterne».

El camino

No conseguirá nunca
Tu lanza
Herir al horizonte.
La montaña
Es un escudo
Que lo guarda.

No sueñes con la sangre de la luna
Y descansa.
Pero deja, camino,
Que mis plantas
Exploren la caricia
De la rociada.

¡Quiromántico enorme!
¿Conocerás las almas
Por el débil tatuaje
Que olvidan en tu espalda?
Si eres un Flammarión
De las pisadas,
¡Cómo debes amar
A los asnos que pasan
Acariciando con ternura humilde
Tu carne desgarrada!
Ellos solos meditan donde puede
Llegar tu enorme lanza.
Ellos solos, que son
Los Bhudas de la Fauna,
Cuando viejos y heridos deletrean
Tu libro sin palabras.

Der Weg

Nimmermehr wird deine Lanze
den Saum verletzen des Himmels,
denn der Berg ist sein schirmender Schild.

Träum nicht vom Blute des Mondes,
halt ein! Doch laß meine Sohlen
die Zärtlichkeit fühlen des Taus.

Gigantischer Chiromant!
Kannst du die Seelen erkennen
an der schwächlichen Tatauierung,
die auf der Schulter sie achtlos dir lassen?
Bist Flammarion du der Tritte,
wie mußt du die Esel dann lieben,
die dein zerrissenes Fleisch
mit demütger Zartheit liebkosen.
Sie nur ergrübeln das Ziel
deiner ungeheueren Lanze;
sie nur, die Buddhas der Tiere,
die wund und müde im Alter
dein Buch ohne Worte entziffern.

¡Cuánta melancolía
Tienes entre las casas
Del poblado!
¡Qué clara
Es tu virtud! Aguantas
Cuatro carros dormidos,
Dos acacias,
Y un pozo del antaño
Que no tiene agua.

Dando vueltas al mundo,
No encontrarás posada.
No tendrás camposanto
Ni mortaja,
Ni el aire del amor renovará
Tu sustancia.

Pero sal de los campos
Y en la negra distancia
De lo eterno, si tallas
La sombra con tu lima
Blanca, ¡oh, camino!,
¡Pasarás por el puente
De Santa Clara!

Welcher Schwermut verfällst du
zwischen den Hütten der Dörfer!
Wie ist deine Tugend so lauter!
Du erträgst vier schlafende Karren,
zwei Akazien, einen versiegten
Brunnen aus anderer Zeit.

Du umwanderst die Welt und findest
nicht Raststatt, nicht Friedhof, nicht Bahrtuch
kein Liebeslied[1] schenkt neue Kraft dir.

Aber verlaß nur die Felder –
und du schreitest, in dunkler Entfernung
vom Ewgen, wenn du den Schatten,
o Weg!,
mit deiner weißen Feile zertrennst,
über die Brücke der Heiligen Clara.

---

1   *el aire del amor:* «der Hauch der Liebe».

El concierto interrumpido

1920

A Adolfo Salazar

Ha roto la armonía
De la noche profunda,
El calderón helado y soñoliento
De la media luna.

Las acequias protestan sordamente,
Arropadas con juncias,
Y las ranas, muecines de la sombra,
Se han quedado mudas.

En la vieja taberna del poblado
Cesó la triste música,
Y ha puesto la sordina a su aristón
La estrella más antigua.

El viento se ha sentado en los torcales
De la montaña oscura,
Y un chopo solitario – el Pitágoras
De la casta llanura –
Quiere dar, con su mano centenaria,
Un cachete a la luna.

Das unterbrochene Konzert

1920

Für Adolfo Salazar

Des halben Monds
gefrorne und schläfrige Fermate
zerbrach die Harmonie
der tiefen Nacht.

Die Rieselbächlein sickern stummen
mit Zyperngras bedeckten
Einspruch, und die Frösche, des Schattens
Muezzine, sind verstummt.

Der alten Dorftaverne
triste Musik hat aufgehört,
es hat der allerälteste Stern
dem Spielwerk die Sordine aufgesetzt.[1]

Der Wind hat sich verkrochen in die tiefen
Schluchten des dunklen Bergs,
und einsam – keuscher Ebene
Pythagoras – will eine Erle mit hundertjährger Hand
dem Monde einen Backenstreich versetzen.

---

[1]   *aristón:* Ariston, zur Jahrhundertwende in ganz Europa
beliebte deutsche Tisch-Drehorgel mit Lochplatte.

Campo

1920

El cielo es de ceniza.
Los árboles son blancos,
Y son negros carbones
Los rastrojos quemados.
Tiene sangre reseca
La herida del Ocaso,
Y el papel incoloro
Del monte, está arrugado.
El polvo del camino
Se esconde en los barrancos.
Están las fuentes turbias
Y quietos los remansos.
Suena en un gris rojizo
La esquila del rebaño,
Y la noria materna
Acabó su rosario.

El cielo es de ceniza.
Los árboles son blancos.

Land

1920

Der Himmel ist Asche.
Die Bäume sind weiß,
die branstigen Stoppeln
sind tiefschwarze Kohlen.
Das Blut in der Wunde
der Dämmrung vertrocknet,
das Papier ohne Farbe
des Berges zerknittert.
Der Staub auf dem Wege
versteckt sich in Schluchten,
die Quellen sind unklar,
die Staue sind still.
Ins Graurote klingen
die Glocken der Herden,
das mütterlich' Schöpfwerk
hält an seinen Rosenkranz.

Der Himmel ist Asche.
Die Bäume sind weiß.

La balada del agua del mar

1920

A Emilio Prados
(Cazador de nubes)

El mar,
Sonríe a lo lejos.
Dientes de espuma,
Labios de cielo.

– ¿Qué vendes, oh joven turbia,
Con los senos al aire?

– Vendo, señor, el agua
De los mares.

– ¿Qué llevas, oh negro joven,
Mezclado con tu sangre?

– Llevo, señor, el agua
De los mares.

– ¿Esas lágrimas salobres
De dónde vienen, madre?

– Lloro, señor, el agua
De los mares.

– Corazón, y esta amargura
Seria, ¿de dónde nace?

– ¡Amarga mucho el agua
De los mares!

Die Ballade vom Wasser des Meeres

1920

Für Emilio Prados
(Wolkenjäger)

Das Meer
lächelt von ferne.
Zähne aus Schaum,
Lippen aus Himmel.

– Was, unruh'ges Mädchen, verkaufst du,
die Brüste frei in der Luft?

– Ich verkaufe, Herr, das Wasser
der Meere.

– Was trägst du mit dir, dunkler Jüngling,
mit deinem Blute gemischt?

– Ich trage, Herr, mit mir das Wasser
der Meere.

– Diese salzigen Tränen,
woher kommen sie, Mutter?

– Ich weine, Herr, das Wasser
der Meere.

– Mein Herz, und diese tiefe
Bitternis, woher stammt sie?

– Es macht sehr bitter das Wasser
der Meere.

El mar,
Sonríe a lo lejos.
Dientes de espuma,
Labios de cielo.

Das Meer
lächelt von ferne.
Zähne aus Schaum,
Lippen aus Himmel.

Árboles

1919

¡Árboles!
¿Habéis sido flechas
Caídas del azul?
¿Qué terribles guerreros os lanzaron?
¿Han sido las estrellas?

Vuestras músicas vienen del alma de los pájaros,
De los ojos de Dios,
De la pasión perfecta.
¡Árboles!
¿Conocerán vuestras raíces toscas
Mi corazón en tierra?

Bäume

1919

Seid, Bäume ihr, Pfeile gewesen,
die aus dem Blauen gefallen?
Wer sind die furchtbaren Krieger,
die von der Sehne euch schnellten?
Sind es die Sterne gewesen?

Tief aus der Seele der Vögel,
tief aus den Augen des Herrn,
tief aus vollendetem Leid
erstehen eure Gesänge.

Kennt euer knorriges Wurzelwerk,
ihr Bäume!, mein Herz in der Erde?[1]

---

1 *en tierra:* «auf der Erde».

La luna y la muerte

1919

La luna tiene dientes de marfil.
¡Qué vieja y triste asoma!
Están los cauces secos,
Los campos sin verdores
Y los árboles mustios
Sin nidos y sin hojas.
Doña Muerte, arrugada,
Pasea por sauzales
Con su absurdo cortejo
De ilusiones remotas.
Va vendiendo colores
De cera y de tormenta
Como un hada de cuento
Mala y enredadora.

La luna le ha comprado
Pinturas a la Muerte.
En esta noche turbia
¡Está la luna loca!

Yo mientras tanto pongo
En mi pecho sombrío
Una feria sin músicas
Con las tiendas de sombra.

Der Mond und der Tod

1919

Der Mond bleckt Elfenbeinzähne.
Wie alt und traurig er blinzelt!
Die Betten der Bäche sind trocken,
den Feldern entsprießt kein Grün,
die kahlen, gebeugten Bäume
sind ohne Nester und Blätter.
Frau Tod, zerschrunden und borkig,
streicht durch die Trauerweiden
mit ihrem verschrobnen Gefolg
erträumter entlegener Wünsche.
Wie eine Hexe im Märchen
verhökert sie, arglistig, bös,
Farben von Unheil und Wachs.

Der Mond erfeilschte sich Schminken
vom Tod. Der Mond ist verrückt
in dieser verworrenen Nacht!

Doch mir in der düsteren Brust
erricht' ich derweilen selber
mit den dunklen Zelten aus Schatten
eine Kirmes ohne Musik.

Nido

1919

¿Qué es lo que guardo en estos
Momentos de tristeza?
¡Ay!, ¿quién tala mis bosques
Dorados y floridos?
¿Qué leo en el espejo
De plata conmovida
Que la aurora me ofrece
Sobre el agua del río?
¿Qué gran olmo de idea
Se ha tronchado en mi bosque?
¿Qué lluvia de silencio
Me deja estremecido?
Si a mi amor dejé muerto
En la ribera triste,
¿Qué zarzales me ocultan
Algo recién nacido?

Nest

1919

Was bewahre ich wohl in diesen
Augenblicken der Trauer?
Ach, wer fällt meine
goldnen und blühenden Wälder!
Was lese ich wohl im bewegten
Silber des Spiegels, den Aurora
im Wasser des Flusses mir vorhält?
Welch große Gedankenulme
brach ein wohl in meinem Walde?
Welcher Regen von Stille
läßt mich in Schauern?
Welche Dornengebüsche
verbergen mir Neu-Gebornes,
wenn ich am traurigen Ufer
tot meine Liebe zurückließ?

Poema del cante jondo
(1921)

Dichtung vom Cante Jondo
(1921)

Baladilla de los tres ríos

A Salvador Quinteros

El río Guadalquivir
va entre naranjos y olivos.
Los dos ríos de Granada
bajan de la nieve al trigo.

¡Ay, amor
que se fue y no vino!

El río Guadalquivir
tiene las barbas granates.
Los dos ríos de Granada
uno llanto y otro sangre.

¡Ay, amor
que se fue por el aire!

Para los barcos de vela,
Sevilla tiene un camino;
por el agua de Granada
sólo reman los suspiros.

¡Ay, amor
que se fue y no vino!

Guadalquivir, alta torre
y viento en los naranjales.
Dauro y Genil, torrecillas
muertas sobre los estanques.

Kleine Ballade von den drei Flüssen

Für Salvador Quinteros

Durch Oliven und Orangen
strömet der Guadalquivir.
Die zwei Flüsse von Granada
stürzen sich vom Schnee zum Weizen.

O Liebe,
die ging und nicht kam!

Der Guadalquivir hat Bärte
von der Farbe des Granates.
Aber Klage sind und Blut
die zwei Flüsse von Granada.

O Liebe,
in Lüften vergangen!

Einen Weg für Segelschiffe
hat Sevilla. Doch Granada –
auf den Wassern von Granada
rudern einsam nur die Seufzer.

O Liebe,
die ging und nicht kam!

Wind im Haine der Orangen,
hoher Turm, Guadalquivir.
Dauro und Genil sind Türmchen,
die schon bei den Teichen enden.

¡Ay, amor
que se fue por el aire!

¡Quién dirá que el agua lleva
un fuego fatuo de gritos!

¡Ay, amor
que se fue y no vino!

Lleva azahar, lleva olivas,
Andalucía, a tus mares.

¡Ay, amor
que se fue por el aire!

O Liebe,
in Lüften vergangen!

Wer wohl sagt, das Wasser trüge
Schreie, die wie Irrlicht zucken!

O Liebe,
die ging und nicht kam!

Nein, es trägt Orangenblüten,
trägt Oliven, Andalusien,
deinen beiden Meeren zu.

O Liebe,
in Lüften vergangen!

Poema de la siguiriya gitana

A Carlos Morla Vicuña

Paisaje

El campo
de olivos
se abre y se cierra
como un abanico.
Sobre el olivar
hay un cielo hundido
y una lluvia oscura
de luceros fríos.
Tiembla junco y penumbra
a la orilla del río.
Se riza el aire gris.
Los olivos,
están cargados
de gritos.
Una bandada
de pájaros cautivos,
que mueven sus larguísimas
colas en lo sombrío.

Gedicht von der Zigeuner-Siguiriya

Für Carlos Morla Vicuña

Landschaft

Des Ölbaums
Gelände
entfaltet und schließt sich
gleich einem Fächer.
Überm Ölgehölz
sinkt ein Himmel nieder,
und es fällt ein dunkler
Regen kalter Sterne.
Am Flußgestade zittern
nun Schilf und Dämmerschatten.
Es kraust die graue Luft sich.
Die Oliven
sind beladen
mit Schreien.
Ein Schwarm von Vögeln,
von eingefangnen Vögeln,
welche ihre langen, langen
Schwänze im Düstern regen.

La guitarra

Empieza el llanto
de la guitarra.
Se rompen las copas
de la madrugada.
Empieza el llanto
de la guitarra.
Es inútil
callarla.
Es imposible
callarla.
Llora monótona
como llora el agua,
como llora el viento
sobre la nevada.
Es imposible
callarla.
Llora por cosas
lejanas.
Arena del Sur caliente
que pide camelias blancas.
Llora flecha sin blanco,
la tarde sin mañana,
y el primer pájaro muerto
sobre la rama.
¡Oh guitarra!
Corazón malherido
por cinco espadas.

Die Gitarre

Die Klage erhebt sich,
das Weh[1] der Gitarre.
Es brechen die Becher
des grauenden Morgens.
Die Klage erhebt sich,
das Weh der Gitarre.
Sie zu schwichten ist unnütz.
Sie zu schwichten –
unmöglich.
So eintönig weint sie,
wie weinendes Wasser,
wie weinender Wind
über den Schneewehn.
Sie zu schwichten –
unmöglich.
Dinge beweint sie,
die fern sind.
Des Südwindes Sand, der heiß ist
und weiße Kamelien fordert.
Beweint den Pfeil ohne Ziel,
den Abend ohne den Morgen,
den ersten gestorbnen Vogel
auf dem Gezweige.
O Gitarre!
Du Herz, das von fünf Schwertern
zu Tode verwundet.

---

1   *el llanto:* «das Weinen», «das Jammern», «die Klage».

El grito

La elipse de un grito,
va de monte
a monte.

Desde los olivos,
será un arco iris negro
sobre la noche azul.

¡Ay!

Como un arco de viola,
el grito ha hecho vibrar
largas cuerdas del viento.

¡Ay!

(Las gentes de las cuevas
asoman sus velones.)

¡Ay!

Der Schrei

Eines Schrei's Ellipse
geht von Berg
zu Berg.

Und wird vom Ölhain an
ein schwarzer Regenbogen
auf der azurnen[1] Nacht.

Ay!

Wie ein Violenbogen
hat lange Windessaiten
der Schrei erschwingen machen.

Ay!

(Aus ihren Höhlen leuchten
die Leute mit dem Öllicht.)

Ay!

---

1 *azul:* «blau».

El silencio

Oye, hijo mío, el silencio.
Es un silencio ondulado,
un silencio,
donde resbalan valles y ecos
y que inclina las frentes
hacia el suelo.

Die Stille

Höre, hör, mein Kind, die Stille.
Eine Stille, die gewellt ist,
eine Stille,
darin Getal und Echos gleiten,
und die zu Boden neiget
alle Stirnen.

El paso de la siguiriya

Entre mariposas negras,
va una muchacha morena
junto a una blanca serpiente
de niebla.

Tierra de luz,
cielo de tierra.

Va encadenada al temblor
de un ritmo que nunca llega;
tiene el corazón de plata
y un puñal en la diestra.

¿Adónde vas, siguiriya,
con un ritmo sin cabeza?
¿Qué luna recogerá
tu dolor de cal y adelfa?

Tierra de luz,
cielo de tierra.

Die Siguiriya zieht vorüber

Zwischen schwarzen Schmetterlingen
geht ein dunkelbraunes Mädchen
neben einer weißen Schlange
aus Nebel.

Erde wie Licht,
Himmel wie Erde.

Geht gekettet an das Beben
eines Rhythmus, der nie ankommt;
hat ein Herz aus lautrem Silber,
in der Rechten einen Dolch.

Erde wie Licht,
Himmel wie Erde.

Wohin gehst du, Siguiriya,
mit dem Rhythmus ohne Kopf?
Welcher Mond nimmt auf wohl deinen
Schmerz von Kalk und Rosenlorbeer?

Erde wie Licht,
Himmel wie Erde.

Después de pasar

Los niños miran
un punto lejano.

Los candiles se apagan.
Unas muchachas ciegas
preguntan a la luna,
y por el aire ascienden
espirales de llanto.

Las montañas miran
un punto lejano.

Nachdem sie vorübergezogen ist

Die Kinder schauen
nach einem fernen Punkt.

Das Lampenlicht wird schwächer.
Nur ein'ge blinde Mädchen
befragen nun den Mond,
und durch die Lüfte steigen
Spiralen weher Klagen.

Die Berge schauen
nach einem fernen Punkt.

Y después

Los laberintos
que crea el tiempo,
se desvanecen.

(Sólo queda
el desierto.)

El corazón,
fuente del deseo,
se desvanece.

(Sólo queda
el desierto.)

La ilusión de la aurora
y los besos,
se desvanecen.

Sólo queda
el desierto.
Un ondulado
desierto.

Und danach

Die Labyrinthe,
die zeiterschaffnen,
zergehn ins Nichts.

(Einzig bleibet
nur die Öde.)

Das Menschenherz,
Quelle allen Wunsches,
zergeht ins Nichts.

(Einzig bleibet
nur die Öde.)

Der Wahn des Morgenrotes
und die Küsse
zergehn ins Nichts.

Einzig bleibet
nur die Öde.
Eine Öde,
die gewellt ist.

Poema de la soleá

A Jorge Zalamea

[Tierra seca]

Tierra seca,
tierra quieta
de noches
inmensas.

(Viento en el olivar,
viento en la sierra.)

Tierra
vieja
del candil
y la pena.
Tierra
de las hondas cisternas.
Tierra
de la muerte sin ojos
y las flechas.

(Viento por los caminos.
Brisa en las alamedas.)

Gedicht von der Soleá

Für Jorge Zalamea

[Trockne Erde]

Trockne Erde,
ruhige Erde
unendlicher
Nächte.

(Wind in den Oliven,
Wind auf den Berghöhn.)

Alte
Erde
des Öllichts
und der Pein.
Erde
der tiefinnern Zisternen.
Erde
des Todes ohne Augen
und der Pfeile.

(Wind auf allen Wegen,
Brise durch die Baumalleen.)

Pueblo

Sobre el monte pelado
un calvario.
Agua clara
y olivos centenarios.
Por las callejas
hombres embozados,
y en las torres
veletas girando.
Eternamente
girando.
¡Oh, pueblo perdido,
en la Andalucía del llanto!

Dorf

Auf kahlem Bergesrücken
ein Passionsweg.
Klares Wasser,
Oliven, hundertjährig.
In schmalen Gäßchen
eingemummte Männer,
und auf den Türmen
drehn sich Wetterfahnen.
Drehen sich immer
und ewig.
O verlornes Dorf du
im klagevollen Andalusien!

Puñal

El puñal,
entra en el corazón,
como la reja del arado
en el yermo.

No.
No me lo claves.
No.

El puñal,
como un rayo de sol,
incendia las terribles
hondonadas.

No.
No me lo claves.
No.

Dolch

Der Dolch
dringt tief ins Herz hinein
so wie die scharfe Schar des Pfluges
in das Brachfeld.

Nein.
Schlag ihn mir nicht ein.
Nein.

Der Dolch
entzündet wie ein Strahl
der Sonne die verborgnen
grausen Schluchten.

Nein.
Schlag ihn mir nicht ein.
Nein.

Encrucijada

Viento del Este;
un farol
y el puñal
en el corazón.
La calle
tiene un temblor
de cuerda
en tensión,
un temblor
de enorme moscardón.
Por todas partes
yo
veo el puñal
en el corazón.

Kreuzweg

Wind aus dem Osten;
Straßenlicht,
und der Dolch
zutiefst im Herzen.
Die Straße
ist scharf durchzittert
wie eine Saite
in Spannung,
sie erbebt
wie eine Riesenfliege.
Sei's, wo es sein mag –
ich
seh den Dolch
zutiefst im Herzen.

¡Ay!

El grito deja en el viento
una sombra de ciprés.

(Dejadme en este campo
llorando.)

Todo se ha roto en el mundo.
No queda más que el silencio.

(Dejadme en este campo
llorando.)

El horizonte sin luz
está mordido de hogueras.

(Ya os he dicho que me dejéis
en este campo
llorando.)

Ay!

Einen Schatten von Zypresse
hinterläßt der Schrei im Wind.

(Auf diesem Felde laßt mich
in Tränen.)

Alles auf der Welt zerbrach.
Nichts bleibt übrig als die Stille.

(Auf diesem Felde laßt mich
in Tränen.)

Lichtlos ist der Horizont
und benagt von Flackerfeuern.

(Ich habs euch schon gesagt, verlaßt mich
auf diesem Felde
in Tränen.)

Sorpresa

Muerto se quedó en la calle
con un puñal en el pecho.
No lo conocía nadie.
¡Cómo temblaba el farol!
Madre.
¡Cómo temblaba el farolito
de la calle!

Era madrugada. Nadie
pudo asomarse a sus ojos
abiertos al duro aire.
Que muerto se quedó en la calle
que con un puñal en el pecho
y que no lo conocía nadie.

Überraschung

Auf der Straße blieb er liegen,
tot, mit einem Dolch im Herzen.
Keinen gab es, der ihn kannte.
Wie die Straßenlampe bebte!
Mutter.
Wie die kleine Lampe bebte
an der Straße!
Morgengrauen. Niemand konnte
sich in seinen Augen zeigen,
die der harten Luft geöffnet.
Denn tot ja lag er auf der Straße
mit einem Dolch ja in der Brust,
und 's gab ja keinen, der ihn kannte.

La soleá

Vestida con mantos negros
piensa que el mundo es chiquito
y el corazón es inmenso.

Vestida con mantos negros.

Piensa que el suspiro tierno
y el grito, desaparecen
en la corriente del viento.

Vestida con mantos negros.

Se dejó el balcón abierto
y al alba por el balcón
desembocó todo el cielo.

¡Ay yayayayay,
que vestida con mantos negros!

Die Soleá

Angetan mit schwarzen Schleiern
denkt sie sich, die Welt ist winzig
und das Herz ist unermeßlich.

Angetan mit schwarzen Schleiern.

Denkt sie, daß der schwache Seufzer,
daß der Schrei dahin auch schwinde
in des Windes langem Strome.

Angetan mit schwarzen Schleiern.

Der Balkon blieb weit geöffnet,
und durch ihn ergoß der ganze
Himmel sich beim Morgengrauen.

Ay yayayayay,
ganz angetan mit schwarzen Schleiern!

Cueva

De la cueva salen
largos sollozos.

(Lo cárdeno
sobre lo rojo.)

El gitano evoca
países remotos.

(Torres altas y hombres
misteriosos.)

En la voz entrecortada
van sus ojos.

(Lo negro
sobre lo rojo.)

Y la cueva encalada
tiembla en el oro.

(Lo blanco
sobre lo rojo.)

Höhle

Aus der Höhle dringen
gezogne Seufzer.

(Das Tieflila
auf dem Hochroten.)

Der Zigeuner beschwört
urferne Länder.

(Hohe Türme und Menschen
voller Geheimnis.)

In der unterbrochnen Stimme
gehn seine Augen.

(Das Schwarze
auf dem Hochroten.)

Und die gekalkte Höhle
zittert im Golde.

(Das Weiße
auf dem Hochroten.)

Encuentro

Ni tú ni yo estamos
en disposición
de encontrarnos.
Tú ... por lo que ya sabes.
¡Yo la he querido tanto!
Sigue esa veredita.
En las manos,
tengo los agujeros
de los clavos.
¿No ves cómo me estoy
desangrando?
No mires nunca atrás,
vete despacio
y reza como yo
a San Cayetano,
que ni tú ni yo estamos
en disposición
de encontrarnos.

Begegnung

Nicht du bist vorbereitet
und nicht ich, einander
zu begegnen.
Du ... weißt ja wohl, warum.
Wie hab ich sie geliebt!
Folg diesem kleinen Pfad.
In den Händen
verbrennen mich die Löcher
der zwei Nägel.
Und siehst du etwa nicht,
daß ich verblute?
Wag nicht, dich umzudrehn,
geh langsam weiter
und bete, so wie ich,
zum heilgen Kajetan,
da du nicht vorbereitet
und nicht ich, einander
zu begegnen.

Alba

Campanas de Córdoba
en la madrugada.
Campanas de amanecer
en Granada.
Os sienten todas las muchachas
que lloran a la tierna
soleá enlutada.
Las muchachas,
de Andalucía la alta
y la baja.
Las niñas de España,
de pie menudo
y temblorosas faldas,
que han llenado de luces
las encrucijadas.
¡Oh, campanas de Córdoba
en la madrugada,
y oh, campanas de amanecer
en Granada!

Morgenglocken

Ihr Glocken von Córdoba
in der Morgenfrühe.
Ihr Glocken bei Tagesanbruch
in Granada.
Euch fühlen schmerzlich alle Mädchen,
die weinen bei der trauernd
zarten Soleá.
All die Mädchen
des obern und des untern
Andalusiens.
Die Mägdlein Spaniens
mit kleinem Fuße
und zitterigen Röcken,
die wahrlich jeden Kreuzweg
angefüllt mit Lichtern.
O ihr Glocken von Córdoba
in der Morgenfrühe,
o ihr Glocken bei Tagesanbruch
in Granada!

Poema de la saeta

A Francisco Iglesias

Arqueros

Los arqueros oscuros
a Sevilla se acercan.

Guadalquivir abierto.

Anchos sombreros grises,
largas capas lentas.

¡Ay, Guadalquivir!

Vienen de los remotos
países de la pena.

Guadalquivir abierto.

Y van a un laberinto.
Amor, cristal y piedra.

¡Ay, Guadalquivir!

Gedicht von der Saeta

Für Francisco Iglesias

Bogenschützen

Die dunklen Bogenschützen
sind nah schon bei Sevilla.

Guadalquivir weit offen.

Mit breiten, grauen Hüten
und langen, trägen Capas.

Ay, Guadalquivir!

Sie kommen aus den Landen,
den fernen, alter Pein[1].

Guadalquivir weit offen.

Ziehn einem Labyrinth zu.
Kristall und Stein und Liebe.

Ay, Guadalquivir!

1   *pena:* «Trauer», «Kummer», «Qual».

Noche

Cirio, candil,
farol y luciérnaga.

La constelación
de la saeta.

Ventanitas de oro
tiemblan,
y en la aurora se mecen
cruces superpuestas.

Cirio, candil,
farol y luciérnaga.

Nacht

Kerze und Öllicht,
Glühwürmchen und Laterne.

Die Konstellation
der Saeta.

Kleine güldne Fenster
zittern,
im Frührot schaukeln Kreuze –
eines überm andern.

Kerze und Öllicht,
Glühwürmchen und Laterne.

Sevilla

Sevilla es una torre
llena de arqueros finos.

Sevilla para herir.
Córdoba para morir.

Una ciudad que acecha
largos ritmos,
y los enrosca
como laberintos.
Como tallos de parra
encendidos.

¡Sevilla para herir!

Bajo el arco del cielo,
sobre su llano limpio,
dispara la constante
saeta de su río.

¡Córdoba para morir!

Y loca de horizonte
mezcla en su vino,
lo amargo de Don Juan
y lo perfecto de Dionisio.

Sevilla para herir.
¡Siempre Sevilla para herir!

Sevilla

Sevilla ist ein Turm
voll feiner Bogenschützen.

Sevilla zum Versehren.
Córdoba zum Ersterben.

Ein Ort, der langen Rhythmen
lauernd lauschet,
sie dreht und windet
wie Labyrinthe.
Wie Rebgezweig sich windet,
angezündet.

Sevilla zum Versehren!

Und unterm Himmelsbogen,
auf seiner freien Ebne,
schnellt hin die immerwährnde
Saeta seines Flusses.

Córdoba zum Ersterben!

Berauscht vom Horizonte
mischt es in seinem Weine
das Bittre Don Juans
mit Dionysius' Vollkommnem.

Sevilla zum Versehren.
Allzeit Sevilla zum Versehren!

Procesión

Por la calleja vienen
extraños unicornios.
¿De qué campo,
de qué bosque mitológico?
Más cerca,
ya parecen astrónomos.
Fantásticos Merlines
y el Ecce Homo,
Durandarte encantado,
Orlando furioso.

Prozession

Durchs kleine Gäßchen kommen
Einhörner, wahrlich seltsam.
Aus welcher Landschaft,
aus welchem sagenhaften Walde?
Schon näher –
scheinen sie wohl Astronomen.
Phantastische Merline,
der Ecce-Homo,
das Wunder Durandarte.
Orlando Furioso.

Paso

Virgen con miriñaque,
Virgen de la Soledad,
abierta como un inmenso
tulipán.
En tu barco de luces
vas
por la alta marea
de la ciudad,
entre saetas turbias
y estrellas de cristal.
Virgen con miriñaque
tú vas
por el río de la calle,
¡hasta el mar!

Paso

Jungfrau mit Krinoline,
Jungfrau von der Einsamkeit,
einer offnen, ungeheuren
Tulpe gleich.
In deiner Lichterbarke
ziehst
du durch die hohe Flut
der Stadt, inmitten
verworrener Saetas
und Sternen aus Kristall.
Jungfrau mit Krinoline,
ziehest
durch den schmalen Fluß der Straße
bis zum Meer!

Saeta

Cristo moreno
pasa
de lirio de Judea
a clavel de España.

¡Miradlo por dónde viene!

De España.
Cielo limpio y oscuro,
tierra tostada,
y cauces donde corre
muy lenta el agua.
Cristo moreno,
con las guedejas quemadas
los pómulos salientes
y las pupilas blancas.

¡Miradlo por dónde va!

Saeta

Schwarzbrauner Christus
wandelt
von Judäas Lilie
hin zur Nelke Spaniens.

Seht doch nur, von wo er kommt!

Von Spanien.
Mit reinem, dunklem Himmel,
versengter Erde
und Rinnseln, deren Wasser
sehr langsam fortzieht.
Schwarzbrauner Christus
mit verbrannten langen Locken,
vorstehnden Backenknochen
und weißen Augenäpfeln.

Seht doch nur, wohin er geht!

Balcón

La Lola
canta saetas.
Los toreritos
la rodean,
y el barberillo
desde su puerta,
sigue los ritmos
con la cabeza.
Entre la albahaca
y la hierbabuena,
la Lola canta
saetas.
La Lola aquella,
que se miraba
tanto en la alberca.

Balkon

Die Lola
singt da Saetas.
Die Toreritos
umstehn sie,
und das Barbierchen,
von seiner Tür aus,
folgt ihren Rhythmen
mit seinem Kopfe.
Zwischen Basilie
und feiner Minze
singt da die Lola
Saetas.
Das ist die Lola,
die sich so häufig
im Brunn gespiegelt!

Madrugada

Pero como el amor
los saeteros
están ciegos.

Sobre la noche verde,
las saetas,
dejan rastros de lirio
caliente.

La quilla de la luna
rompe nubes moradas
y las aljabas
se llenan de rocío.

¡Ay, pero como el amor
los saeteros
están ciegos!

Morgenanbruch

Doch wie die Liebe blind
sind ja die Sänger,
die Saeteros.

Es lassen die Saetas
lange Spuren
heißer Lilie auf grünem
Nachtdunkel.

Des Mondes Kiel durchschneidet
die maulbeerfarbnen Wolken,
die Köcher füllen
sich an mit lindem Tau.

Ay, doch wie die Liebe blind
sind ja die Sänger,
die Saeteros!

Gráfico de la Petenera

A Eugenio Montes

Campana

Bordón

En la torre
amarilla,
dobla una campana.

Sobre el viento
amarillo,
se abren las campanadas.

En la torre
amarilla,
cesa la campana.

El viento con el polvo,
hace proras de plata.

Zeichnung der Petenera

Für Eugenio Montes

Glocke

Im tiefsten Gitarrenbaß

In dem gelben
Turm der Kirche
läutet eine Glocke.

Auf dem gelben
Winde öffnen
sich weit die Glockentöne.

In dem gelben
Turm der Kirche
höret auf die Glocke.

Der Wind macht aus dem Staube
verwehnde Silberbüge.

Camino

Cien jinetes enlutados,
¿dónde irán,
por el cielo yacente
del naranjal?
Ni a Córdoba ni a Sevilla
llegarán.
Ni a Granada la que suspira
por el mar.
Esos caballos soñolientos
los llevarán,
al laberinto de las cruces
donde tiembla el cantar.
Con siete ayes clavados,
¿dónde irán,
los cien jinetes andaluces
del naranjal?

Weg

Hundert trauerschwarze Reiter
gehn wohin –
durch den Himmel der Orangen,
der da liegt?
Kommen nimmer nach Sevilla,
Córdoba,
nach Granada, das da seufzet
nach dem Meer.
Ihre traumverlornen Pferde
tragen sie
wohl hin zum Labyrinth der Kreuze,
darin der Sang erbebt.
Von sieben Ays durchdrungen,
gehn wohin –
die hundert Reiter Andalusiens
vom Orangenhain?

Las seis cuerdas

La guitarra,
hace llorar a los sueños.
El sollozo de las almas
perdidas,
se escapa por su boca
redonda.
Y como la tarántula
teje una gran estrella
para cazar suspiros,
que flotan en su negro
aljibe de madera.

Die sechs Saiten

Die Gitarre
bringt die Träume zum Weinen.
Das Schluchzen der verlornen
Seelen
entweicht aus ihrem runden
Munde.
Sie webt wie die Tarantel
sich einen großen Stern,
um Seufzer zu erjagen,
die auf der Schwärze treiben
in ihrer Holzzisterne.

Danza
En el huerto de la Petenera

En la noche del huerto,
seis gitanas,
vestidas de blanco
bailan.

En la noche del huerto,
coronadas,
con rosas de papel
y biznagas.

En la noche del huerto,
sus dientes de nácar,
escriben la sombra
quemada.

Y en la noche del huerto,
sus sombras se alargan,
y llegan hasta el cielo
moradas.

Tanz
Im Garten der Petenera

In der Nacht ihres Gartens –
sechs Zigeunerinnen
in weißen Gewändern
tanzen.

In der Nacht ihres Gartens –
Jasmingewinde
und Rosen aus Papier
auf dem Kopfe.

In der Nacht ihres Gartens –
mit perlmuttnen Zähnen
schreiben sie den Schatten,
den verbrannten.

Und in der Nacht ihres Gartens –
längen sich ihre Schatten,
erreichen, maulbeerfarben,
den Himmel.

Muerte de la Petenera

En la casa blanca muere
la perdición de los hombres.

Cien jacas caracolean.
Sus jinetes están muertos.

Bajo las estremecidas
estrellas de los velones,
su falda de moaré tiembla
entre sus muslos de cobre.

Cien jacas caracolean.
Sus jinetes están muertos.

Largas sombras afiladas
vienen del turbio horizonte,
y el bordón de una guitarra
se rompe.

Cien jacas caracolean.
Sus jinetes están muertos.

Tod der Petenera

In dem weißen Hause stirbt
Wahnsinn und Verderb der Männer.

Hundert Pferdchen tummeln sich.
Ihre Reiter sind gestorben.

Im erschauderten Geflimmer
bleicher Öllichtsterne zittert
stumm ihr Rock aus Moiré
zwischen ihren Kupferschenkeln.

Hundert Pferdchen tummeln sich.
Ihre Reiter sind gestorben.

Lange, scharfgeschliffne Wolken
ziehn vom trüben Horizont her,
und der Baß einer Gitarre
reißt.

Hundert Pferdchen tummeln sich.
Ihre Reiter sind gestorben.

Falseta

¡Ay, Petenera gitana!
¡Yayay Petenera!
Tu entierro no tuvo niñas
buenas.
Niñas que le dan a Cristo muerto
sus guedejas,
y llevan blancas mantillas
en las ferias.
Tu entierro fue de gente
siniestra.
Gente con el corazón
en la cabeza,
que te siguió llorando
por las callejas.
¡Ay, Petenera gitana!
¡Yayay Petenera!

POEMA DEL CANTE JONDO

Falsett

Ay, Zigeunerpetenera!
Yayay, Petenera!
Keine frommen Mägdlein brachten dich zum
Grabe,
Mägdlein, die dem toten Christus ihre
Locken opfern,
festtags angetan mit weißen
Schleiermänteln.
Des Unheils Menschen brachten
dich zum Grabe.
Menschen, die ihr ganzes Herz
im Kopfe haben
und die dir weinend folgten
durch alle Gäßchen.
Ay, Zigeunerpetenera!
Yayay, Petenera!

«De profundis»

Los cien enamorados
duermen para siempre
bajo la tierra seca.
Andalucía tiene
largos caminos rojos.
Córdoba, olivos verdes
donde poner cien cruces,
que los recuerden.
Los cien enamorados
duermen para siempre.

«*De profundis*»

Es schlafen nun für immer
die hundert Heißverliebten
tief unterm trocknen Erdreich.
Es hat ja Andalusien
endlose rote Wege,
und Córdoba hat grüne
Oliven, wo man ihnen
kann hundert Kreuze setzen,
um ihrer zu gedenken.
Es schlafen nun für immer
die hundert Heißverliebten.

Clamor

En las torres
amarillas,
doblan las campanas.

Sobre los vientos
amarillos,
se abren las campanadas.

Por un camino va
la Muerte, coronada,
de azahares marchitos.
Canta y canta
una canción
en su vihuela blanca,
y canta y canta y canta.

En las torres amarillas,
cesan las campanas.

El viento con el polvo,
hacen proras de plata.

Totengeläut

In den gelben
Kirchentürmen
läuten alle Glocken.

Auf den gelben
Winden öffnen
sich weit die Glockentöne.

Es geht auf einem Wege
der Tod, bekränzt mit welken
Orangenblütenzweigen.
Er singt und singt
ein leises Lied
zu seiner weißen Laute,
und singt und singt und singet.

In den gelben Kirchentürmen
hören auf die Glocken.

Der Wind macht aus dem Staube
verwehnde Silberbüge.

Dos muchachas

A Máximo Quijano

La Lola

Bajo el naranjo lava
pañales de algodón.
Tiene verdes los ojos
y violeta la voz.

¡Ay, amor,
bajo el naranjo en flor!

El agua de la acequia
iba llena de sol.
En el olivarito
cantaba un gorrión.

¡Ay, amor,
bajo el naranjo en flor!

Luego cuando la Lola
gaste todo el jabón,
vendrán los torerillos.

¡Ay, amor,
bajo el naranjo en flor!

Zwei Mädchen

Für Máximo Quijano

Lola

Im Schatten der Orangen
wäscht Zeug sie aus Kattun.
Sie hat zwei grüne Augen,
die Stimm' ist violett.

Ay, Liebeslust
unterm Orangenblust!

Des Rieselbaches Wasser
floß hin, der Sonne voll;
und im Olivenwäldchen
da schilpte laut ein Spatz.

Ay, Liebeslust
unterm Orangenblust!

Hat Lola ihre Seife
verbraucht, dann sind die kleinen
Toreros schnell zur Stelle.

Ay, Liebeslust
unterm Orangenblust!

DICHTUNG VOM CANTE JONDO

Amparo

Amparo,
¡qué sola estás en tu casa
vestida de blanco!

(Ecuador entre el jazmín
y el nardo.)

Oyes los maravillosos
surtidores de tu patio,
y el débil trino amarillo
del canario.

Por la tarde ves temblar
los cipreses con los pájaros,
mientras bordas lentamente
letras sobre el cañamazo.

Amparo,
¡qué sola estás en tu casa
vestida de blanco!

Amparo,
¡y qué difícil decirte:
yo te amo!

Amparo

Amparo,
wie allein bist du im Hause,
schlohweiß angezogen!

(Zwischen Narde und Jasmin –
Äquator.)

Hörest deines Patios schöne,
wundersame Springbornstrahlen,
des Kanarienvogels zarten
gelben Triller.

Siehst des Abends die Zypressen
mit den kleinen Vögeln zittern,
während du dabei gemächlich
Lettern auf die Leinwand stickst.

Amparo,
wie allein bist du im Hause,
schlohweiß angezogen!

Amparo,
und wie schwer ist, dir zu sagen:
ich, ich lieb dich!

Viñetas flamencas

A Manuel Torres, «Niño de Jerez»,
que tiene tronco de Faraón

Retrato de Silverio Franconetti

Entre italiano
y flamenco,
¿cómo cantaría
aquel Silverio?
La densa miel de Italia
con el limón nuestro,
iba en el hondo llanto
del siguiriyero.
Su grito fue terrible.
Los viejos
dicen que se erizaban
los cabellos,
y se abría el azogue
de los espejos.
Pasaba por los tonos
sin romperlos.
Y fue un creador
y un jardinero.
Un creador de glorietas
para el silencio.

Ahora su melodía
duerme con los ecos.
Definitiva y pura.
¡Con los últimos ecos!

Flamenco-Vignetten

Für Manuel Torres, «Niño de Jerez»,
mit dem Pharaonenrumpf[1]

Porträt von Silverio Franconetti

Halb Italiener,
halb Flamenco –
wie nur mocht er singen,
jener Silverio?
Italiens fülliger Honig
mit unserer Zitrone
floß in der wehen Klage
des Siguiriyeros.
Sein Aufschrei war entsetzlich.
Die Alten
erzählen, daß die Haare
sich gesträubt,
auch sei das Spiegelsilber
aufgesprungen.
Er drang durch alle Töne –
keinen brach er.
Ein Schöpfer und zugleich
war er ein Gärtner.
War ein Schöpfer und schuf Lauben
für die Stille.

Doch seine Melodie
schläft lang schon mit den Echos.
Vollendet rein und gültig.
Nun mit den letzten Echos!

---

1 *que tiene tronco de Faraón:* «vom Stamm der Pharaonen».

Juan Breva

Juan Breva tenía
cuerpo de gigante
y voz de niña.
Nada como su trino.
Era la misma
Pena cantando
detrás de una sonrisa.
Evoca los limonares
de Málaga la dormida,
y hay en su llanto dejos
de sal marina.
Como Homero cantó
ciego. Su voz tenía,
algo de mar sin luz
y naranja exprimida.

Juan Breva

Juan Breva besaß
den Leib eines Riesen
und Mädchenstimme.
Doch nichts glich seinem Triller.
Es war die Pein,
sie war es selber,
die hinter einem Lächeln
sang. Sie ruft herauf des schlafestrunknen
Málaga Zitronenhaine,
und Salz des Meers schmeckt nach
in ihrer Klage.
Homer gleich, sang er blind.
Und seine Stimme hatte
etwas von Meer, das lichtlos,
und von Orange, die zerpreßt.

Café cantante

Lámparas de cristal
y espejos verdes.

Sobre el tablado oscuro,
la Parrala sostiene
una conversación
con la Muerte.
La llama
no viene,
y la vuelve a llamar.
Las gentes
aspiran los sollozos.
Y en los espejos verdes,
largas colas de seda
se mueven.

Tanzlied-Café

Lampen aus Kristall
und grüne Spiegel.

Auf dunkler Bretterbühne
ergeht sich die Parrala
in einer Unterhaltung
mit dem Tode.
Sie ruft ihn,
er kommt nicht,
sie ruft nach ihm und ruft.
Es atmen
die Leute ein das Schluchzen.
Und in den grünen Spiegeln
verschwimmen lange Schleppen
aus Seide.

Lamentación de la muerte

A Miguel Benítez

Sobre el cielo negro,
culebrinas amarillas.

Vine a este mundo con ojos
y me voy sin ellos.
¡Señor del mayor dolor!
Y luego,
un velón y una manta
en el suelo.

Quise llegar adonde
llegaron los buenos.
¡Y he llegado, Dios mío!…
Pero luego,
un velón y una manta
en el suelo.

Limoncito amarillo,
limonero.
Echad los limoncitos
al viento.
¡Ya lo sabéis!… Porque luego,
luego,
un velón y una manta
en el suelo.

Sobre el cielo negro,
culebrinas amarillas.

Sterbeklage

Für Miguel Benítez

Auf dem schwarzen Himmel
winzig kleine gelbe Schlangen.

Kam auf diese Welt mit Augen,
ohne Augen geh ich.
Allerschmerzensreichster Herr!
Und dann –
ein Licht und eine Decke
auf dem Boden.

Ich wollt, wohin die Guten
gekommen, selber kommen.
Und bin, mein Gott!, gekommen …
Aber dann –
ein Licht und eine Decke
auf dem Boden.

Zitronenbaum, Zitrönchen –
kleine, gelbe.
Zerstreut nur die Zitrönchen
in die Winde.
Nun, jetzt wißt ihrs! … Denn danach,
danach –
ein Licht und eine Decke
auf dem Boden.

Auf dem schwarzen Himmel
winzig kleine gelbe Schlangen.

Conjuro

La mano crispada
como una Medusa
ciega el ojo doliente
del candil.

As de bastos.
Tijeras en cruz.

Sobre el humo blanco
del incienso, tiene
algo de topo y
mariposa indecisa.

As de bastos.
Tijeras en cruz.

Aprieta un corazón
invisible, ¿la veis?
Un corazón
reflejado en el viento.

As de bastos.
Tijeras en cruz.

Beschwörung

Die gekrümmte Hand,
ähnlich der Meduse,
blendet jäh des Öllichts
Leidensauge.

Basten-As.
Schere überkreuz.

Auf des Weihrauchs weißem
Dampfe hat sie etwas
wie von einem Maulwurf
und unbestimmten Falter.

Basten-As.
Schere überkreuz.

Sie preßt zusammen – seht ihr? –
ein unsichtbares Herz.
Ein Menschenherz,
des Widerbild im Wind ist.

Basten-As.
Schere überkreuz.

Memento

Cuando yo me muera,
enterradme con mi guitarra
bajo la arena.

Cuando yo me muera,
entre los naranjos
y la hierbabuena.

Cuando yo me muera,
enterradme, si queréis,
en una veleta.

¡Cuando yo me muera!

Memento

Wenn dereinst ich sterbe,
begrabt mich mit meiner Gitarre
unter dem Sande.

Wenn dereinst ich sterbe
zwischen den Orangen
und den guten Minzen.

Wenn dereinst ich sterbe,
dann begrabt mich, wenn ihr wollt,
in einer Wetterfahne.

Wenn dereinst ich sterbe!

Tres ciudades

A Pilar Zubiaurre

Malagueña

La muerte
entra y sale
de la taberna.

Pasan caballos negros
y gente siniestra
por los hondos caminos
de la guitarra.

Y hay un olor a sal
y a sangre de hembra,
en los nardos febriles
de la marina.

La muerte
entra y sale,
y sale y entra
la muerte
de la taberna.

Drei Städte

Für Pilar Zubiaurre

Malagueña

Der Tod geht
ein und aus
in der Taverne.

Vorbei ziehn schwarze Pferde
und düstre Leute
auf den tiefinnern Wegen
der Gitarre.

Und ein Geruch nach Salz
und Weiberblut
ist in den Fiebernarden
der Meeresküste.

Der Tod geht
ein und aus
und aus und ein
geht der Tod
in der Taverne.

Barrio de Córdoba

Tópico Nocturno

En la casa se defienden
de las estrellas.
La noche se derrumba.
Dentro hay una niña muerta
con una rosa encarnada
oculta en la cabellera.
Seis ruiseñores la lloran
en la reja.

Las gentes van suspirando
con las guitarras abiertas.

Korduaner Stadtteil

Örtliches Nachtstück

Man verteidigt sich im Hause
gegen die Sterne.
Die Nacht stürzt sich hernieder.
Drinnen liegt ein totes Mädchen;
tief in seinem Haar verborgen
hat es eine rote Rose.
Sechs Nachtigalln beweinen es
am Fenstergitter.

Seufzend gehn umher die Leute
mit weit offenen Gitarren.

Baile

La Carmen está bailando
por las calles de Sevilla.
Tiene blancos los cabellos
y brillantes las pupilas.

¡Niñas,
corred las cortinas!

En su cabeza se enrosca
una serpiente amarilla,
y va soñando en el baile
con galanes de otros días.

¡Niñas,
corred las cortinas!

Las calles están desiertas
y en los fondos se adivinan,
corazones andaluces
buscando viejas espinas.

¡Niñas,
corred las cortinas!

Tanz

Durch die Straßen von Sevilla
tanzt und tanzet Carmen.
Ihre Haare sind schon weiß,
und es glänzen ihre Augen.

Mädchen,
zieht den Vorhang zu!

Eine gelbe Schlange ringelt
sich dabei in ihrem Kopf,
und sie träumt, derweil sie tanzt,
von Galanen andrer Tage.

Mädchen,
zieht den Vorhang zu!

Ganz verlassen sind die Straßen,
doch erraten sich in ihren
Tiefen Andalusierherzen –
und die suchen alte Dornen.

Mädchen,
zieht den Vorhang zu!

Seis caprichos

A Regino Sainz de la Maza

Adivinanza de la guitarra

En la redonda
encrucijada,
seis doncellas
bailan.
Tres de carne
y tres de plata.
Los sueños de ayer las buscan
pero las tiene abrazadas,
un Polifemo de oro.
¡La guitarra!

Sechs Capricci

Für Regino Sáinz de la Maza

Rätsel von der Gitarre

Sechs Jungfern tanzen,
wo sich die Wege
auf der Rundung
kreuzen.
Drei aus Fleisch
und drei aus Silber.
Es suchen sie des Gesterns Träume,
doch hält sie fest in seinen Armen
ein goldner Polyphem.
Die Gitarre!

Candil

¡Oh, qué grave medita
la llama del candil!

Como un faquir indio
mira su entraña de oro
y se eclipsa soñando
atmósfera sin viento.

Cigüeña incandescente
pica desde su nido
a las sombras macizas,
y se asoma temblando
a los ojos redondos
del gitanillo muerto.

Schnabellampe

O, wie ernst und schwer die Flamme
des Öllichts meditiert!

Sie schaut, ein Fakir Indiens,
tief in ihr goldnes Innres
und schwindet hin im Traume
von Sphären ohne Wind.

Sie pickt von ihrem Nest aus
– ein weißentglühter Storch –
nach dichten, vollen Schatten
und zeigt sich leise zitternd
im runden Aug des kleinen
gestorbenen Zigeuners.

Crótalo

Crótalo.
Crótalo.
Crótalo.
Escarabajo sonoro.

En la araña
de la mano
rizas el aire
cálido,
y te ahogas en tu trino
de palo.

Crótalo.
Crótalo.
Crótalo.
Escarabajo sonoro.

Klapperholz [1]

Klapperholz.
Klapperholz.
Klapperholz.
Wohlklangvoller Skarabäus.

In dem Spinnetz
einer Hand
kräuselst du die Luft,
die warme,
und vergehst in deinem Triller
aus Hartholz.

Klapperholz.
Klapperholz.
Klapperholz.
Wohlklangvoller Skarabäus.

1 *Crótalo:* «Klapper», «Kastagnette».

Chumbera

Laoconte salvaje.

¡Qué bien estás
bajo la media luna!

Múltiple pelotari.

¡Qué bien estás
amenazando al viento!

Dafne y Atis,
saben de tu dolor.
Inexplicable.

Feigenkaktus

Unbezähmter Laokoon.

Wie bist du schön
im Licht des halben Mondes!

Vielfacher Pelotari.

Wie bist du schön,
wenn du dem Winde dräust!

Daphne und Attis
verstehen deinen Schmerz.
Nimmer erklärbar.

Pita

Pulpo petrificado.

Pones cinchas cenicientas
al vientre de los montes,
y muelas formidables
a los desfiladeros.

Pulpo petrificado.

Agave

Versteinerter Polyp.

Du legst aschengraue Gurte
den Bergen um die Leiber
und säumst die hohlen Wege
mit fürchterlichen Zähnen.

Versteinerter Polyp.

Cruz

La cruz.
(Punto final
del camino.)

Se mira en la acequia.
(Puntos suspensivos.)

Kreuz

Das Kreuz.
(Schlußpunkt
des Weges.)

Es spiegelt sich im Rinnsal.
(Gedankenpunkte!)

Escena del teniente coronel de la Guardia Civil

Cuarto de banderas

TENIENTE CORONEL: Yo soy el teniente coronel de la Guardia Civil.

SARGENTO: Sí.

TENIENTE CORONEL: Y no hay quien me desmienta.

SARGENTO: No.

TENIENTE CORONEL: Tengo tres estrellas y veinte cruces.

SARGENTO: Sí.

TENIENTE CORONEL: Me ha saludado el cardenal arzobispo de Toledo con sus veinticuatro borlas moradas.

SARGENTO: Sí.

TENIENTE CORONEL: Yo soy el teniente. Yo soy el teniente. Yo soy el teniente coronel de la Guardia Civil.

(Romeo y Julieta, celeste, blanco y oro, se abrazan sobre el jardín de tabaco de la caja de puros. El militar acaricia el cañón de su fusil lleno de sombra submarina.)

UNA VOZ *(Fuera.)*:

> Luna, luna, luna, luna,
> del tiempo de la aceituna.
> Cazorla enseña su torre
> y Benamejí la oculta.
>
> Luna, luna, luna, luna.
> Un gallo canta en la luna.

Auftritt des Oberstleutnants der Guardia Civil

Fahnenraum

OBERSTLEUTNANT: Ich bin der Oberstleutnant der Guardia Civil.

SERGEANT: Jawohl.

OBERSTLEUTNANT: Und es gibt niemand, der mich Lügen straft.

SERGEANT: Nein.

OBERSTLEUTNANT: Ich habe drei Sterne und zwanzig Kreuze.

SERGEANT: Jawohl.

OBERSTLEUTNANT: Der Kardinalerzbischof mit seinen vierundzwanzig lila Troddeln hat mich begrüßt.

SERGEANT: Jawohl.

OBERSTLEUTNANT: Ich bin der Leutnant. Ich bin der Leutnant. Ich bin der Oberstleutnant der Guardia Civil.

(Romeo und Julia, himmelblau, weiß und gold, umarmen sich über dem Tabakgarten der Zigarrenkiste. Der Militär liebkost den Lauf eines Gewehrs voll unterseeischen Schattens.)

EINE STIMME *(von draußen.)*:

> Vollmond, Vollmond, Vollmond, Vollmond
> in der Jahreszeit der Ölfrucht.
> Seinen Turm weist vor Cazorla,
> doch Benamejí verdeckt ihn.

> Vollmond, Vollmond, Vollmond, Vollmond.
> Heiser kräht ein Hahn im Vollmond.

Señor alcalde, sus niñas
están mirando a la luna.

TENIENTE CORONEL: ¿Qué pasa?
SARGENTO: ¡Un gitano!

*(La mirada de mulo joven del gitanillo ensombrece y agiganta
los ojirris del Teniente Coronel de la Guardia Civil.)*

TENIENTE CORONEL: Yo soy el teniente coronel de la
Guardia Civil.
SARGENTO: Sí.
TENIENTE CORONEL: ¿Tú quién eres?
GITANO: Un gitano.
TENIENTE CORONEL: ¿Y qué es un gitano?
GITANO: Cualquier cosa.
TENIENTE CORONEL: ¿Cómo te llamas?
GITANO: Eso.
TENIENTE CORONEL: ¿Qué dices?
GITANO: Gitano.
SARGENTO: Me lo encontré y lo he traído.
TENIENTE CORONEL: ¿Dónde estabas?
GITANO: En la puente de los ríos.
TENIENTE CORONEL: Pero ¿de qué ríos?
GITANO: De todos los ríos.
TENIENTE CORONEL: ¿Y qué hacías allí?
GITANO: Una torre de canela.

TENIENTE CORONEL: ¡Sargento!
SARGENTO: A la orden, mi teniente coronel de la Guardia
Civil.
GITANO: He inventado unas alas para volar, y vuelo. Azufre
y rosa en mis labios.

Herr Alcalde, Ihre Töchter
gucken alle in den Vollmond.

OBERSTLEUTNANT: Was ist los?
SERGEANT: Ein Zigeuner!

*(Der Mauleselsfüllenblick des Zigeunerchens verdüstert die
kleinen kranken Augen des Oberstleutnants der Guardia Civil
und macht sie gigantisch.)*

OBERSTLEUTNANT: Ich bin der Oberstleutnant der Guardia
Civil.
SERGEANT: Jawohl.
OBERSTLEUTNANT: Wer bist du?
ZIGEUNER: Ein Zigeuner.
OBERSTLEUTNANT: Und was ist ein Zigeuner?
ZIGEUNER: Irgend etwas.
OBERSTLEUTNANT: Wie heißt du?
ZIGEUNER: Ebenso.
OBERSTLEUTNANT: Was sagst du?
ZIGEUNER: Zigeuner.
SERGEANT: Ich bin ihm begegnet und habe ihn mitgenommen.
OBERSTLEUTNANT: Wo bist du gewesen?
ZIGEUNER: Auf der Brücke über die Flüsse.
OBERSTLEUTNANT: Aber welcher Flüsse?
ZIGEUNER: Aller Flüsse.
OBERSTLEUTNANT: Und was hast du da gemacht?
ZIGEUNER: Einen Turm aus Zimt.
OBERSTLEUTNANT: Sergeant!
SERGEANT: Zu Befehl, Herr Oberstleutnant der Guardia
Civil.
ZIGEUNER: Ich habe Flügel erfunden um zu fliegen, und ich
fliege. Schwefel und Rose auf meinen Lippen.

Teniente coronel: ¡Ay!

Gitano: Aunque no necesito alas, porque vuelo sin ellas. Nubes y anillos en mi sangre.

Teniente coronel: ¡Ayy!

Gitano: En Enero tengo azahar.

Teniente coronel *(Retorciéndose.)*: ¡Ayyyyy!

Gitano: Y naranjas en la nieve.

Teniente coronel: ¡Ayyyyy!, pun pin, pam. *(Cae muerto.)*

(El alma de tabaco y café con leche del Teniente Coronel de la Guardia Civil sale por la ventana.)

Sargento: ¡Socorro!

(En el patio del cuartel, cuatro guardias civiles apalean al gitanillo.)

OBERSTLEUTNANT: Ay!

ZIGEUNER: Obwohl ich keine Flügel brauche, weil ich ohne sie fliege. Wolken und Ringe in meinem Blut.

OBERSTLEUTNANT: Ayy!

ZIGEUNER: Im Januar habe ich Orangenblust.

Oberstleutnant *(windet sich.)*: Ayyyyy!

ZIGEUNER: Und Orangen im Schnee.

OBERSTLEUTNANT: Ayyyyy! Bum, bim, bam.

(Er fällt tot um. Die Tabak- und Milchkaffeeseele des Oberstleutnants der Guardia Civil entfährt durch das Fenster.)

SERGEANT: Hilfe!

(Vier Zivilgardisten prügeln den kleinen Zigeuner im Kasernenhof.)

Canción del gitano apaleado

Veinticuatro bofetadas.
Veinticinco bofetadas;
después, mi madre, a la noche,
me pondrá en papel de plata.

Guardia Civil caminera,
dadme unos sorbitos de agua.
Agua con peces y barcos.
Agua, agua, agua, agua.

¡Ay, mandor de los civiles
que estás arriba en tu sala!
¡No habrá pañuelos de seda
para limpiarme la cara!

5 de julio 1925

Lied des geprügelten Zigeuners

Vierundzwanzig Backenstreiche.
Fünfundzwanzig Backenstreiche;
nachts dann legt mich meine Mutter
auf ein silbernes Papier.

Landgendarmen, Landgendarmen,
gebt mir ein paar Schlückchen Wasser.
Wasser – und mit Booten, Fischen.
Wasser, Wasser, Wasser, Wasser.

Ay, Gebieter der Zivilen,
du, in deinem Saale oben!
Keine Seidentüchlein gibt es,
um mir das Gesicht zu säubern.

Diálogo del Amargo

Una voz:

Amargo.
Las adelfas de mi patio.
Corazón de almendra amarga.
Amargo.

(Llegan tres jóvenes con anchos sombreros.)

Joven 1.°: Vamos a llegar tarde.
Joven 2.°: La noche se nos echa encima.
Joven 1.°: ¿Y ése?
Joven 2.°: Viene detrás.
Joven 1.° *(En alta voz.)*: ¡Amargo!
Amargo *(Lejos.)*: Ya voy.
Joven 2.° *(A voces.)*: ¡Amargo!
Amargo *(Con calma.)*: ¡Ya voy!

(Pausa.)

Joven 1.°: ¡Qué hermosos olivares!
Joven 2.°: Sí.

(Largo silencio.)

Joven 1.°: No me gusta andar de noche.
Joven 2.°: Ni a mí tampoco.
Joven 1.°: La noche se hizo para dormir.
Joven 2.°: Es verdad.

Amargos Zwiegespräch

Feld

EINE STIMME:

Amargo.
Meines Patios Oleander.
Herz aus bittrer Mandel Kern.
Amargo.

(Drei junge Männer mit breiten Hüten kommen.)

ERSTER JUNGER MANN: Wir werden uns wohl verspäten.
ZWEITER JUNGER MANN: Die Nacht bricht über uns herein.
ERSTER JUNGER MANN: Und der da?
ZWEITER JUNGER MANN: Ist hinter uns.
ERSTER JUNGER MANN *(laut.)*: Amargo!
AMARGO *(von weitem.)*: Ich komme schon.
ZWEITER JUNGER MANN *(laut.)*: Amargo!
AMARGO *(ruhig.)*: Ich komme schon!

(Langes Schweigen.)

ERSTER JUNGER MANN: Welch schöne Olivenhaine!
ZWEITER JUNGER MANN: Ja.
ERSTER JUNGER MANN: Nachts wandere ich nicht gern.
ZWEITER JUNGER MANN: Ich auch nicht.
ERSTER JUNGER MANN: Die Nacht wurde zum Schlafen erschaffen.
ZWEITER JUNGER MANN: Ja wahrhaftig.

(Ranas y grillos hacen la glorieta del estío andaluz. El Amargo camina con las manos en la cintura.)

AMARGO:

Ay yayayay.
Yo le pregunté a la Muerte.
Ay yayayay.

(El grito de su canto pone un acento circunflejo sobre el corazón de los que lo han oído.)

JOVEN 1.º *(Desde muy lejos.)*: ¡Amargo!
JOVEN 2.º *(Casi perdido.)*: ¡Amargooo!

(Silencio.)

(El Amargo está solo en medio de la carretera. Entorna sus grandes ojos verdes y se ciñe la chaqueta de pana alrededor del talle. Altas montañas lo rodean. Su gran reloj de plata le suena oscuramente en el bolsillo a cada paso.)

(Un Jinete viene galopando por la carretera.)

JINETE *(Parando el caballo.)*: ¡Buenas noches!
AMARGO: A la paz de Dios.
JINETE: ¿Va usted a Granada?
AMARGO: A Granada voy.
JINETE: Pues vamos juntos.
AMARGO: Eso parece.
JINETE: ¿Por qué no monta en la grupa?
AMARGO: Porque no me duelen los pies.
JINETE: Yo vengo de Málaga.
AMARGO: Bueno.
JINETE: Allí están mis hermanos.

*(Frösche und Grillen bauen des andalusischen Sommers Lust-
häuschen.)*

AMARGO *(Hände im Gürtel, wandert dahin.):*

Ay yayayay.
Hab den Tod schon angefragt.
Ay yayayay.

*(Der Aufschrei seines Sangs setzt einen Zirkumflex auf das Herz
derer, die ihn gehört haben.)*

ERSTER JUNGER MANN *(von sehr weit her.):* Amargo!
ZWEITER JUNGER MANN *(fast unhörbar.):* Amargooo!

(Stille.)

*(Amargo ist allein mitten auf der Landstraße. Er öffnet ein we-
nig seine großen, grünen Augen und zieht seine Samtjacke fest
um die Taille. Hohe Berge umgeben ihn. Seine große silberne
Uhr tickt bei jedem Schritt dunkel in seiner Tasche.)*

*(Ein Reiter kommt im Galopp auf der Landstraße daher; er hält
sein Pferd an.)*

REITER: Guten Abend!
AMARGO: Gott befohlen.
REITER: Gehen Sie nach Granada?
AMARGO: Just nach Granada.
REITER: Dann gehen wir also beide dahin.
AMARGO: Es scheint so.
REITER: Warum schwingen Sie sich nicht auf die Kruppe?
AMARGO: Weil mir meine Füße nicht weh tun.
REITER: Ich komme aus Málaga.
AMARGO: Schön.
REITER: Da leben meine Brüder.

AMARGO (*Displicente.*): ¿Cuántos?

JINETE: Son tres. Venden cuchillos. Ése es el negocio.

AMARGO: De salud les sirva.

JINETE: De plata y de oro.

AMARGO: Un cuchillo no tiene que ser más que cuchillo.

JINETE: Se equivoca.

AMARGO: Gracias.

JINETE: Los cuchillos de oro se van solos al corazón. Los de plata cortan el cuello como una brizna de hierba.

AMARGO: ¿No sirven para partir el pan?

JINETE: Los hombres parten el pan con las manos.

AMARGO: ¡Es verdad!

(El caballo se inquieta.)

JINETE: ¡Caballo!

AMARGO: Es la noche.

(El camino ondulante salomoniza la sombra del animal.)

JINETE: ¿Quieres un cuchillo?

AMARGO: No.

JINETE: Mira que te lo regalo.

AMARGO: Pero yo no lo acepto.

JINETE: No tendrás otra ocasión.

AMARGO: ¿Quién sabe?

JINETE: Los otros cuchillos no sirven. Los otros cuchillos son blandos y se asustan de la sangre. Los que nosotros vendemos son fríos. ¿Entiendes? Entran buscando el sitio de más calor y allí se paran.

(El Amargo calla. Su mano derecha se le enfría como si agarrase un pedazo de oro.)

Amargo (*mißlaunig.*): Wieviel?

Reiter: Drei. Sie verkaufen Messer. Das ist ihr Geschäft.

Amargo: Möge es ihnen Früchte eintragen.

Reiter: Aus Silber und Gold.

Amargo: Ein Messer soll nichts andres sein als ein Messer.

Reiter: Sie irren.

Amargo: Danke.

Reiter: Die goldenen Messer gleiten von selbst ins Herz. Die silbernen durchschneiden den Hals wie eine Grasfaser.

Amargo: Kann man sie nicht zum Brotschneiden gebrauchen?

Reiter: Die Menschen brechen das Brot mit der Hand.

Amargo: Das ist wahr!

(Das Pferd wird unruhig.)

Reiter: Pferd!

Amargo: Das kommt von der Nacht.

(Der gewellte Weg legt den Schatten des Tieres in Windungen.)

Reiter: Willst du ein Messer?

Amargo: Nein.

Reiter: Sieh, ich schenke es dir sogar.

Amargo: Aber ich nehme es nicht an.

Reiter: Die Gelegenheit kommt nicht noch einmal.

Amargo: Wer weiß?

Reiter: Die andren Messer taugen nicht. Die andren Messer sind weich und erschrecken vor dem Blut. Unsre, die wir verkaufen, sind kalt. Verstehst du? Sie dringen ein, auf der Suche nach dem wärmsten Ort, und da machen sie halt.

(Amargo schweigt. Seine rechte Hand wird eiskalt, wie wenn sie einen Goldklumpen ergreife.)

JINETE: ¡Qué hermoso cuchillo!
AMARGO: ¿Vale mucho?
JINETE: Pero ¿no quieres éste?

(Saca un cuchillo de oro. La punta brilla como una llama de candil.)

AMARGO: He dicho que no.
JINETE: ¡Muchacho, súbete conmigo!
AMARGO: Todavía no estoy cansado.

(El caballo se vuelve a espantar.)

JINETE *(Tirando de las bridas.)*: Pero ¡qué caballo este!
AMARGO: Es lo oscuro.

(Pausa.)

JINETE: Como te iba diciendo, en Málaga están mis tres hermanos. ¡Qué manera de vender cuchillos! En la catedral compraron dos mil para adornar todos los altares y poner una corona a la torre. Muchos barcos escribieron con ellos sus nombres, los pescadores más humildes de la orilla del mar se alumbran de noche con el brillo que despiden sus hojas afiladas.
AMARGO: ¡Es una hermosura!
JINETE: ¿Quién lo puede negar?

(La noche se espesa como un vino de cien años. La serpiente gorda del sur abre sus ojos en la madrugada, y hay en los durmientes un deseo infinito de arrojarse por el balcón a la magia perversa del perfume y la lejanía.)

AMARGO: Me parece que hemos perdido el camino.

POEMA DEL CANTE JONDO

REITER: Ein herrliches Messer!
AMARGO: Ist es sehr teuer?
REITER: Willst du denn nicht das hier?

(Holt ein goldenes Messer hervor. Die Spitze glänzt wie die Flamme eines Öllichts.)

AMARGO: Ich sagte schon nein.
REITER: Steig doch auf, mein Junge!
AMARGO: Noch bin ich nicht müde.

(Wieder erschrickt das Pferd.)

REITER *(die Zügel anziehend.)*: Nanu, was ist das für ein Pferd!
AMARGO: Das kommt von der Dunkelheit.

(Pause.)

REITER: Wie ich dir vorhin sagte, leben meine drei Brüder in Málaga. Und wie die Messer verkauft werden! In der Kathedrale hat man zweitausend gekauft, um alle Altäre zu schmücken und den Turm zu krönen. Viele Schiffe haben ihnen ihre Namen gegeben; die bescheidensten Fischer der Seeküste machen es sich nachts hell mit dem Glanz, der von ihren geschliffenen Klingen ausgeht.
AMARGO: Das ist eine Pracht!
REITER: Wer kann das bestreiten?

(Die Nacht verdichtet sich wie hundertjähriger Wein. Im Morgengrauen öffnet die große Schlange des Südens ihre Augen, und die Schläfer haben ein unendliches Verlangen, sich vom Balkon in die heillose Magie des Duftes und der Ferne zu stürzen.)

AMARGO: Mir scheint, wir haben den Weg verloren.

JINETE *(Parando el caballo.)*: ¿Sí?

AMARGO: Con la conversación.

JINETE: ¿No son aquéllas las luces de Granada?

AMARGO: No sé. El mundo es muy grande.

JINETE: Y muy solo.

AMARGO: Como que está deshabitado.

JINETE: Tú lo estás diciendo.

AMARGO: ¡Me da una desesperanza! ¡Ay yayayay!

JINETE: Porque si llegas allí, ¿qué haces?

AMARGO: ¿Qué hago?

JINETE: Y si te estás en tu sitio, ¿para qué quieres estar?

AMARGO: ¿Para qué?

JINETE: Yo monto este caballo y vendo cuchillos, pero si no lo hiciera, ¿qué pasaría?

AMARGO: ¿Qué pasaría?

(Pausa.)

JINETE: Estamos llegando a Granada.

AMARGO: ¿Es posible?

JINETE: Mira cómo relumbran los miradores.

AMARGO: La encuentro un poco cambiada.

JINETE: Es que estás cansado.

AMARGO: Sí, ciertamente.

JINETE: Ahora no te negarás a montar conmigo.

AMARGO: Espera un poco.

JINETE: ¡Vamos, sube! Sube de prisa. Es necesario llegar antes de que amanezca … Y toma este cuchillo. ¡Te lo regalo!

AMARGO: ¡Ay, yayayay!

(El Jinete ayuda al Amargo. Los dos emprenden el camino de Granada. La sierra del fondo se cubre de cicutas y de ortigas.)

REITER *(hält sein Pferd an.)*: Wirklich?

AMARGO: Durch die Unterhaltung.

REITER: Sind das nicht die Lichter Granadas?

AMARGO: Ich weiß nicht.

REITER: Die Welt ist sehr groß.

AMARGO: Da sie verlassen ist.

REITER: Es ist, wie du sagst.

AMARGO: Das bringt mich zur Verzweiflung! Ay yayayay!

REITER: Weil du da hinkommst. Was tust du?

AMARGO: Was ich tue?

REITER: Und wenn du an deinem Ort bleibst – wozu willst du da sein?

AMARGO: Wozu?

REITER: Ich reite auf diesem Pferd und verkaufe Messer; aber was geschähe wohl, wenn ich es nicht täte?

AMARGO: Was dann geschehen würde?

(Pause.)

REITER: Wir kommen nun bald nach Granada.

AMARGO: Ists möglich?

REITER: Sieh doch, wie die Miradores schimmern.

AMARGO: Ja, wirklich.

REITER: Jetzt wirst du dich wohl kaum mehr weigern, mit mir zu reiten.

AMARGO: Wart einen Augenblick.

REITER: Nur zu, steig auf! Steig schnell auf. Wir müssen vor Morgenanbruch da sein … Und nimm dies Messer. Ich schenke es dir.

AMARGO: Ay yayayay!

(Der Reiter hilft Amargo. Die beiden reiten gen Granada. Die Bergkette im Hintergrund bedeckt sich mit Schierling und Nesseln.)

Canción de la madre del Amargo

Lo llevan puesto en mi sábana
mis adelfas y mi palma.

Día veintisiete de agosto
con un cuchillito de oro.

La cruz. ¡Y vamos andando!
Era moreno y amargo.

Vecinas, dadme una jarra
de azófar con limonada.

La cruz. No llorad ninguna.
El Amargo está en la luna.

9 julio 1925

Lied der Mutter Amargos

Sie tragen ihn in meinem Bettuch,
meinen Palmen, Lorbeerrosen.

Am sechsundzwanzigsten[1] Augusttag,
mit dem kleinen, goldnen Messer.

Das Kreuz. Dann gehn wir wieder weiter.
Er war braun und er war bitter.

Und gebt mir einen Messingkrug voll
Limonade, Nachbarinnen.

Das Kreuz. Es soll hier niemand weinen.
Denn Amargo ist im Monde.

---

1 *veintisiete:* «siebenundzwanzig».

De:
Primeras canciones
(1922)

Aus:
Erste Lieder
(1922)

Remansillo

Me miré en tus ojos
pensando en tu alma.

Adelfa blanca.

Me miré en tus ojos
pensando en tu boca.

Adelfa roja.

Me miré en tus ojos.
¡Pero estabas muerta!

Adelfa negra.

Kleines stilles Wasser

Sah mich in deinen Augen
und dacht' an deine Seele.

Weißer Oleander.

Sah mich in deinen Augen
und dacht' an deinen Mund.

Roter Oleander.

Sah mich in deinen Augen.
Doch du warst gestorben!

Schwarzer Oleander.

Variación

El remanso del aire
bajo la rama del eco.

El remanso del agua
bajo fronda de luceros.

El remanso de tu boca
bajo espesura de besos.

Variation

Der stille Stau der Luft
unter dem Zweige des Echos.

Der stille Stau des Wassers
unter dem Blattwerk aus Sternen.

Der stille Stau deines Mundes
unter der Dichte von Küssen.

Cuatro baladas amarillas

A Claudio Guillén

I

En lo alto de aquel monte
hay un arbolito verde.

> *Pastor que vas,*
> *pastor que vienes.*

Olivares soñolientos
bajan al llano caliente.

> *Pastor que vas,*
> *pastor que vienes.*

Ni ovejas blancas ni perro
ni cayado ni amor tienes.

> *Pastor que vas.*

Como una sombra de oro
en el trigal te disuelves.

> *Pastor que vienes.*

Vier gelbe Balladen

{Für Claudio Guillén}

I

Auf dem Gipfel jenes Berges
steht ein kleines, grünes Bäumchen.

> *Hirt, der du gehst,*
> *Hirt, der du kommst.*

Und Olivenhaine taumeln
nieder zu der heißen Ebne.

> *Hirt, der du gehst,*
> *Hirt, der du kommst.*

Keine weißen Schäfchen hast du
und nicht Hund, nicht Stab, nicht Liebe.

> *Hirt, der du gehst.*

Einem Schatten gleich aus Gold,
löst im Kornfeld du dich auf.

> *Hirt, der du kommst.*

II

La tierra estaba
amarilla.

> *Orillo, orillo,*
> *pastorcillo.*

Ni luna blanca
ni estrellas lucían.

> *Orillo, orillo,*
> *pastorcillo.*

Vendimiadora morena
corta el llanto de la viña.

> *Orillo, orillo,*
> *pastorcillo.*

II

Die Erde war gelb.

Göldchen, Göldchen,
Hirtenböldchen.

Kein heller Mond,
kein Stern erschien.

Göldchen, Göldchen,
Hirtenböldchen.

Schneide, braune Winzerin,
schneid des Weinbergs Klagelied.

Göldchen, Göldchen,
Hirtenböldchen.

III

*Dos bueyes rojos
en el campo de oro.*

Los bueyes tienen ritmo
de campanas antiguas
y ojos de pájaro.
Son para las mañanas
de niebla, y sin embargo
horadan la naranja
del aire, en el verano.
Viejos desde que nacen
no tienen amo
y recuerdan las alas
de sus costados.
Los bueyes
siempre van suspirando
por los campos de Ruth
en busca del vado,
del eterno vado,
borrachos de luceros
a rumiarse sus llantos.

*Dos bueyes rojos
en el campo de oro.*

III

> *Zwei Rinder rot*
> *im Feld von Gold.*

Vögel sind der Rinder Augen;
alte Glocken – ihre Rhythmen.
Sie sind für die Nebelmorgen,
stoßen aber auch im Sommer
durch der Luft Orange.
Sie sind alt seit der Geburt,
ohne Herrn, und sie erinnern
stets sich ihrer Flankenflügel.
Seufzend schreiten durch die Felder
Ruths die Rinder, und seit je,
suchen nach der ewgen Furt,
trunken von des Morgens Sternen,
ihre Klagen wiederkäuend.

> *Zwei Rinder rot*
> *im Feld von Gold.*

IV

> *Sobre el cielo*
> *de las margaritas ando.*

Yo imagino esta tarde
que soy santo.
Me pusieron la luna
en las manos.
Yo la puse otra vez
en los espacios
y el Señor me premió
con la rosa y el halo.

> *Sobre el cielo*
> *de las margaritas ando.*

Y ahora voy
por este campo
a librar a las niñas
de galanes malos
y dar monedas de oro
a todos los muchachos.

> *Sobre el cielo*
> *de las margaritas ando.*

IV

   Ich wandle
   auf dem Margeritenhimmel.

Heute abend träumte mir,
ich sei heilig.
Und es ward mir in die Hand der
Mond gegeben.
Ich jedoch gab abermals dem
All ihn wieder,
und der Herr belohnte mich
da mit Strahlenkranz und Rose.

   Ich wandle
   auf dem Margeritenhimmel.

Nun durchschreit ich
diese Felder
und befreie von Galanen,
welche schlecht sind, alle Mägdlein,
und ich gebe allen Knaben
goldne Münzen.

   Ich wandle
   auf dem Margeritenhimmel.

Canción

Por las ramas del laurel
vi dos palomas oscuras.
La una era el sol,
la otra la luna.
Vecinitas, les dije,
¿dónde está mi sepultura?
En mi cola, dijo el sol.
En mi garganta, dijo la luna.
Y yo que estaba caminando
con la tierra a la cintura
vi dos águilas de mármol
y una muchacha desnuda.
La una era la otra
y la muchacha era ninguna.
Aguilitas, les dije,
¿dónde está mi sepultura?
En mi cola, dijo el sol.
En mi garganta, dijo la luna.
Por las ramas del cerezo
vi dos palomas desnudas,
la una era la otra
y las dos eran ninguna.

Lied

Für José Moreno Villa

Durch die Lorbeerzweige
gehn zwei dunkle Tauben.[1]
Die eine war die Sonne,
die andre war der Mond.
Liebe Nachbarinnen, sagt' ich ihnen,
wo befindet sich mein Grab?
In meinem Schwanze, sagt' die Sonne.
In meinem Halse, sagt' der Mond.
Und ich, der da des Weges ging
mit der Erde bis zur Hüfte
sah zwei Marmoradler
und ein nacktes Mädchen.
Der eine war der andre,
und das Mädchen war gar niemand.
Liebe Adler, sagt' ich ihnen,
wo befindet sich mein Grab?
In meinem Schwanze, sagt' die Sonne.
In meinem Halse, sagt' der Mond.
In den Kirschbaumzweigen
sah ich zwei nackte Tauben,
die eine war die andre,
und beide waren keine.

---

[1] *vi:* «sah ich». In der Erstausgabe von *Primeras canciones*
steht *van:* «gehen».

Cautiva

Por las ramas
indecisas
iba una doncella
que era la vida.
Por las ramas
indecisas.
Con un espejito
reflejaba el día
que era un resplandor
de su frente limpia.
Por las ramas
indecisas.
Sobre las tinieblas
andaba perdida,
llorando rocío,
del tiempo cautiva.
Por las ramas
indecisas.

Gefangen

Durch die wankelmütgen Zweige
schlüpft' die Jungfrau,
schlüpft' das Leben.
Durch die wankelmütgen Zweige.
Und mit einem kleinen Spiegel
widerspiegelt sie den Tag,
ihrer reinen Stirne Abglanz.
Durch die wankelmütgen Zweige.
Und sie ging auf Finsternissen,
ganz verloren, weinte Tau –
die Gefangene der Zeit.
Durch die wankelmütgen Zweige.

Aus:
Canciones (1921-1924)

A Pedro Salinas, Jorge Guillén y
Melchorito Fernández Almagro

Aus:
Lieder (1921-1924)

Für Pedro Salinas, Jorge Guillén und
Melchorito Fernández Almagro

Canción de las siete doncellas

Teoría del arco iris

Cantan las siete
doncellas.

(Sobre el cielo un arco
de ejemplos de ocaso.)

Alma con siete voces
las siete doncellas.

(En el aire blanco,
siete largos pájaros.)

Mueren las siete
doncellas.

(¿Por qué no han sido nueve?
¿Por qué no han sido veinte?)

El río las trae.
Nadie puede verlas.

Lied von den sieben Jungfern

(Theorie des Regenbogens)

Es singen die sieben
Jungfern.

(Am Himmel ein Bogen
von Sonnenuntergangsexempeln.)

Seele mit sieben Stimmen,
die sieben Jungfern.

(In der blanken Luft
sieben lange Vögel.)

Es sterben die sieben
Jungfern.

(Warum waren es nicht neun?
Warum waren es nicht zwanzig?)

Der Fluß trägt sie hinweg,[1]
keiner kann sie sehen.

---

1   *traer:* «bringen».

[El canto quiere ser luz]

El canto quiere ser luz.
En lo oscuro el canto tiene,
hilos de fósforo y luna.
La luz no sabe qué quiere.
En sus límites de ópalo,
se encuentra ella misma,
y vuelve.

[Das Lied will Licht sein]

Das Lied will Licht sein.
Das Lied hat im Dunkel
schimmernde Fäden
aus Phosphor und Mond.
Nicht weiß das Licht, was es will.
In seinen eignen
opalenen Grenzen
findet es selbst sich
und kehrt wieder um.

Friso

A Gustavo Durán

Tierra	*Cielo*
Las niñas de la brisa van con sus largas colas.	Los mancebos del aire saltan sobre la luna.

Fries

Für Gustavo Durán

Erde

Die Mägdelein der Brise
schweben mit wallenden Schleppen.

Himmel

Die Jünglinge des Windes
springen über den Mond.

Cazador

¡Alto pinar!
Cuatro palomas por el aire van.

Cuatro palomas
vuelan y tornan.
Llevan heridas
sus cuatro sombras.

¡Bajo pinar!
Cuatro palomas en la tierra están.

Jäger

Pinienwald oben!
Vier Tauben streichen durch die Luft.

Vier Tauben
fliegen und wenden.
Ihre vier Schatten
wurden verwundet.

Pinienwald unten!
Vier Tauben liegen auf der Erde.

[Agosto]

Agosto,
contraponientes
de melocotón y azúcar,
y el sol dentro de la tarde,
como el hueso en una fruta.

La panocha guarda intacta,
su risa amarilla y dura.

Agosto.
Los niños comen
pan moreno y rica luna.

[August]

August.
Zusammenstellung
von Pfirsich und Zucker,
und die Sonne im Nachmittag
wie der Kern einer Frucht.

Unberührt hält
der Mais sein gelbes
und hartes Gelächter.

August.
Es essen die Kinder
Schwarzbrot und köstlichen Mond.

Cortaron tres árboles

A Ernesto Halffter

Eran tres.

 (Vino el día con sus hachas.)

Eran dos.

(Alas rastreras de plata.)

Era uno.

Era ninguno.

(Se quedó desnuda el agua.)

Drei Bäume wurden gefällt

Für Ernesto Halffter

Da waren drei.

(Mit seinen Äxten kam der Tag.)

Da waren zwei.

(Schleppende Flügel aus Silber.)

Da war einer.

Da war keiner.

(Das Wasser blieb nackt.)

Arlequín

Teta roja del sol.
Teta azul de la luna.

Torso mitad coral,
mitad plata y penumbra.

Harlekin

Die Brust der Sonne ist rot,
die Brust des Mondes ist blau.

Torso – zur Hälfte Koralle,
zur Hälfte Silber und Dämmer.

Nocturnos de la ventana

A la memoria de José de Ciria y Escalante.
Poeta

I

Alta va la luna.
Bajo corre el viento.

(Mis largas miradas,
exploran el cielo.)

Luna sobre el agua.
Luna bajo el viento.

(Mis cortas miradas
exploran el suelo.)

Las voces de dos niñas
venían. Sin esfuerzo,
de la luna del agua,
me fui a la del cielo.

Notturnos des Fensters

Dem Andenken des Dichters
José Ciria y Escalante

I

Der Mond geht oben.
Der Wind rennt unten.

(Meine langen Blicke
bespähen den Himmel.)

Mond auf dem Wasser.
Mond unterm Winde.

(Meine kurzen Blicke
erkunden die Erde.)

Zwei Mädchenstimmen kamen.
Und mühelos kam ich
vom Monde im Wasser
zum Monde im Himmel.

2

Un brazo de la noche
entra por mi ventana.

Un gran brazo moreno
con pulseras de agua.

Sobre un cristal azul
jugaba al río mi alma.

Los instantes heridos
por el reloj … pasaban.

2

Ein Arm der Nacht
wächst durch mein Fenster.

Ein dunkeler Arm
mit Reifen aus Wasser.

Auf azurnem Kristall
spielte am Fluß meine Seele.

Und es entschwanden
die von der Uhr
verletzten Sekunden.

3

Asomo la cabeza
por mi ventana, y veo
cómo quiere cortarla
la cuchilla del viento.

En esta guillotina
invisible, yo he puesto
las cabezas sin ojos
de todos mis deseos.

Y un olor de limón
llenó el instante inmenso,
mientras se convertía
en flor de gasa el viento.

3

Ich beuge mein Haupt
aus der Fassung des Fensters
und sehe die Klinge
des Windes, begierig
vom Rumpf es zu trennen.

All meiner Wünsche
auglose Köpfe
legte ich unter
die sausende Schneide,
Fallbeil, das niemand
je kann erblicken.

Duft von Zitronen
füllte den flüchtgen
unmeßbarn Moment,
während der Wind sich
in hauchfeine Schleier
geschwinde verwandelt.

4

Al estanque se le ha muerto
hoy una niña de agua.
Está fuera del estanque,
sobre el suelo amortajada.

De la cabeza a sus muslos
un pez la cruza, llamándola.
El viento le dice «niña»
mas no puede despertarla.

El estanque tiene suelta
su cabellera de algas
y al aire sus grises tetas
estremecidas de ranas.

«Dios te salve» rezaremos
a Nuestra Señora de Agua
por la niña del estanque
muerta bajo las manzanas.

Yo luego pondré a su lado
dos pequeñas calabazas
para que se tenga a flote,
¡ay! sobre la mar salada.

Residencia de Estudiantes, 1923

4

Dem Weiher starb heut eine Nymphe.
Beim Weiher liegt sie auf der Erde,
ins Leichenlaken eingehüllt.

Vom Kopf bis zu den Schenkeln kreuzt
ein Fisch sie, der sie ruft und ruft.
Und «Kindchen» weint der Wind ihr zu –
Doch weckt sie niemand wieder auf.

Dem Weiher löste sich sein Algenhaar,
und in die Luft hebt er die grauen Brüste,
die von der Frösche Drängen zittern.

Gott sei dir gnädig. Und wir beten
zu Unsrer Lieben Frau vom Wasser
für unsre Nymphe, unter Äpfeln tot.

Ich werde nachher ihr zur Seite
zwei kleine Kalebassen stellen,
damit sie in dem salzgen Meer,
ach!, auf den Wellen schwimmen kann.

Canciones para niños

A la maravillosa niña Colomba Morla Vicuña,
dormida piadosamente el día 12 de Agosto de 1928

Canción china en Europa

A mi ahijada Isabel Clara

La señorita
del abanico,
va por el puente
del fresco río.

Los caballeros
con sus levitas,
miran el puente
sin barandillas.

La señorita
del abanico
y los volantes,
busca marido.

Los caballeros
están casados,
con altas rubias
de idioma blanco.

Los grillos cantan
por el Oeste.

Kinderlieder

Dem wundervollen Mädchen Colomba Morla Vicuña,
barmherzig entschlafen am 8. August 1928

Chinesisches Lied in Europa

Meinem Patenkind Isabel Clara

Die Dame
mit dem Fächer
geht über die Brücke
des kühlen Flusses.

Die Herren
in ihren Gehröcken
betrachten die Brücke
ohne Geländer.

Die Dame
mit dem Fächer
und den Volants
sucht einen Gatten.

Die Herren
sind verheiratet
mit großen Blondinen,
die einfältig sprechen.

Die Grillen zirpen
im Westen.

(La señorita,
va por lo verde.)

Los grillos cantan
bajo las flores.

(Los caballeros,
van por el Norte.)

(Die Dame
geht dem Grün zu.)

Die Grillen zirpen
unter den Blumen

(Die Herren
gehen nach Norden.)

Paisaje

A Rita, Concha, Pepe
y Carmencica

La tarde equivocada
se vistió de frío.

Detrás de los cristales
turbios, todos los niños,
ven convertirse en pájaros
un árbol amarillo.

La tarde está tendida
a lo largo del río.
Y un rubor de manzana
tiembla en los tejadillos.

Landschaft

Für Rita, Concha, Pepe
und Carmencica

Der Nachmittag, aus Versehen,
zog sich mit Kälte an.

Hinter den Fensterscheiben,
den trüben, sehn alle Kinder
wie in Vögel sich verwandelt
ein gelber Baum.

Der Nachmittag liegt ausgestreckt
längsseits der Ufer des Flusses.
Und eine Apfelröte
zittert auf den kleinen Dächern.

Andaluzas

A Miguel Pizarro (en la irregularidad simétrica del Japón)

Canción de jinete

1860

En la luna negra
de los bandoleros,
cantan las espuelas.

Caballito negro.
¿Dónde llevas tu jinete muerto?

… Las duras espuelas
del bandido inmóvil
que perdió las riendas.

Caballito frío.
¡Qué perfume de flor de cuchillo!

En la luna negra,
sangraba el costado
de Sierra Morena.

Caballito negro.
¿Dónde llevas tu jinete muerto?

La noche espolea
sus negros ijares
clavándose estrellas.

{Andaluzas}

{Für Miguel Pizarro (im Stil japanischer Asymmetrie)}

Reiterlied

1860

Im düsteren Mond
der nächtlichen Räuber
singen die Sporen …

Schwarzes Pferdchen. Wohin
trägst deinen Reiter du tot?

… Die Sporen, die harten,
des starren Banditen,
der die Zügel verlor.

Kaltes Pferdchen. Es riecht
nach der Blüte des Dolches!

Im düsteren Mond
blutet die Lende
der Sierra Morena.

Schwarzes Pferdchen. Wohin
trägst deinen Reiter du tot?

Es spornt sich die Nacht
die dunkelen Weichen
mit silbernen Sternen.

Caballito frío.
¡Qué perfume de flor de cuchillo!

En la luna negra,
¡un grito! y el cuerno
largo de la hoguera.

Caballito negro.
¿Dónde llevas tu jinete muerto?

Kaltes Pferdchen. Es riecht
nach der Blüte des Dolches!

Im düsteren Mond
ein Schrei! und am Himmel
des Scheiterhaufens Horn.

Schwarzes Pferdchen. Wohin
trägst deinen Reiter du tot?

Canción de jinete

Córdoba.
Lejana y sola.

Jaca negra, luna grande,
y aceitunas en mi alforja.
Aunque sepa los caminos
yo nunca llegaré a Córdoba.

Por el llano, por el viento,
jaca negra, luna roja.
La muerte me está mirando
desde las torres de Córdoba.

¡Ay qué camino tan largo!
¡Ay mi jaca valerosa!
¡Ay que la muerte me espera,
antes de llegar a Córdoba!

Córdoba.
Lejana y sola.

Reiterlied

Córdoba.
Einsam und fern.

Schwarzes Pferdchen, großer Mond,
Oliven im Sacke am Sattel.
Kenn' ich auch alle Wege –
nie komm ich in Córdoba an.

Durch die Ebne, durch den Wind,
schwarzes Pferdchen, roter Mond.
Es läßt mich nicht aus den Augen
der Tod von Córdobas Türmen.

Ach, welch ein endloser Weg!
Ach, du mein wackeres Pferdchen!
Ach, mich erwartet der Tod,
eh ich nach Córdoba komme!

Córdoba.
Einsam und fern.

[Mi niña se fue a la mar]

Mi niña se fue a la mar,
a contar olas y chinas,
pero se encontró, de pronto,
con el río de Sevilla.

Entre adelfas y campanas
cinco barcos se mecían,
con los remos en el agua
y las velas en la brisa.

¿Quién mira dentro la torre
enjaezada, de Sevilla?
Cinco voces contestaban
redondas como sortijas.

El cielo monta gallardo
al río, de orilla a orilla.
En el aire sonrosado,
cinco anillos se mecían.

[Mein Mädchen ging an das Meer]

Mein Mädchen ging an das Meer,
wollte Wellen zählen und Kiesel,
aber nicht lange – da stand es
am sevillanischen Flusse.

Zwischen Lorbeerrosen und Glocken
wiegten sich sacht fünf Schiffe,
mit den Rudern in dem Wasser
und den Segeln in der Brise.

Wer schaut aus dem angeschirrten
uralten Turm von Sevilla?
Fünf Stimmen, wie Ringe so rund,
gaben der Frage die Antwort.

Großartig reitet der Himmel
am Flusse von Ufer zu Ufer.
Fünf Ringe schaukelten sich
in der rosenfarbenen Luft.

Tres retratos con sombra

Verlaine

La canción,
que nunca diré,
se ha dormido en mis labios.
La canción,
que nunca diré.

Sobre las madreselvas
había una luciérnaga,
y la luna picaba
con un rayo en el agua.

Entonces yo soñé,
la canción,
que nunca diré.

Canción llena de labios
y de cauces lejanos.

Canción llena de horas
perdidas en la sombra.

Canción de estrella viva
sobre un perpetuo día.

Drei Portraits mit Schatten

[I.] *Verlaine*

Ich singe nimmer das Lied,
das auf den Lippen mir einschlief.
Das Lied,
das ich nimmermehr sing'.

Ein Glühkäfer schimmerte
über dem Geißblatt,
ins Wasser stach
ein Strahl des Mondes.

Damals träumt' ich das Lied,
das Lied, das ich nimmermehr sing'.

Das Lied, mit Lippen gefüllt,
gefüllt mit fernen Rinnseln.

Das Lied, mit verlorenen Stunden
– im Schatten verloren – gefüllt.

Lied lebendigen Sterns
über unvergänglichem Tag.

Baco

Verde rumor intacto.
La higuera me tiende sus brazos.

Como una pantera, su sombra,
acecha mi lírica sombra.

La luna cuenta los perros.
Se equivoca y empieza de nuevo.

Ayer, mañana, negro y verde,
rondas mi cerco de laureles.

¿Quién te querría como yo,
si me cambiaras el corazón?

… Y la higuera me grita y avanza
terrible y multiplicada.

Bacchus

Unberührt rauscht es und grün.
Nach mir reckt die Arme der Feigbaum.

Meinen lyrischen Schatten belauert,
einer Pantherin gleich, sein Schatten.

Der Mond zählt die Hunde. Er irrt
und beginnt aufs neue zu zählen.

Du umstreichst meinen Lorbeerkreis gestern,
morgen und schwarz und grün.

Wer würde dich lieben wie ich,
wenn du mir tauschtest das Herz?

… Der Feigenbaum faucht und rückt vor,
rückt vielfach und schrecklich heran.

Juan Ramón Jiménez

En el blanco infinito,
nieve, nardo y salina,
perdió su fantasía.

El color blanco, anda,
sobre una muda alfombra
de plumas de paloma.

Sin ojos ni ademán,
inmóvil sufre un sueño.
Pero tiembla por dentro.

En el blanco infinito,
¡qué pura y larga herida
dejó su fantasía!

En el blanco infinito.
Nieve. Nardo. Salina.

[II.] Juan Ramón Jiménez

Im gleißenden Weiß ohne Grenze
– Salzberg[1], Narde und Schnee –
entglitt seine Phantasie.

Es schreitet das Weiß auf stummem
Teppich aus Taubengefieder.

Auglos, ohne Gebärde
erleidet es starr einen Traum.
Aber es zittert im Innern.

Welch reine und große Wunde
hinterließ im Weiß ohne Grenze
seine entglittene Phantasie!

Im glänzenden Weiß ohne Grenzen.
Salzberg, Narde und Schnee.

---

1   *salina* meint hier eine flache Meerwassersaline.

Venus

Así te vi

La joven muerta
en la concha de la cama,
desnuda de flor y brisa
surgía en la luz perenne.

Quedaba el mundo,
lirio de algodón y sombra,
asomado a los cristales
viendo el tránsito infinito.

La joven muerta,
surcaba el amor por dentro.
Entre la espuma de las sábanas
se perdía su cabellera.

Venus

So sah ich dich

Das junge gestorbene Mädchen
in der Muschel des Betts
stieg ohne Blüte und Brise
auf in das ewige Licht.

Aus dem Fenster lehnt' sich die Welt
– Lilie aus Watte und Schatten –
und sieht den unendlichen Hingang.

Das junge gestorbene Mädchen
durchfurchte die Liebe von innen.
In der weißen Leintücher Schaum
verlor sich zerfließend ihr Haar.

Debussy

Mi sombra va silenciosa
por el agua de la acequia.

Por mi sombra están las ranas
privadas de las estrellas.

La sombra manda a mi cuerpo
reflejos de cosas quietas.

Mi sombra va como inmenso
cínife color violeta.

Cien grillos quieren dorar
la luz de la cañavera.

Una luz nace en mi pecho,
reflejado, de la acequia.

[III.] Debussy

Mein Schatten geht schweigend und still
auf dem Wasser der Rieselbachrinne.

Die Frösche werden der Sterne
durch meinen Schatten beraubt.

Der Schatten schickt meinem Leibe
Reflexe ruhiger Dinge.

Wie eine riesige violette
Stechmücke geht mein Schatten.

Hundert Grillen wollen mit Gold
das Licht des Schilfs überziehen.

Ein Licht leuchtet auf in der Brust,
die sich spiegelt, vom rieselnden Bach.

Narciso

Niño.
¡Que te vas a caer al río!

En lo hondo hay una rosa
y en la rosa hay otro río.

¡Mira aquel pájaro! ¡Mira
aquel pájaro amarillo!

Se me han caído los ojos
dentro del agua.

¡Dios mío!
¡Que se resbala! ¡Muchacho!

… y en la rosa estoy yo mismo.

Cuando se perdió en el agua,
comprendí. Pero no explico.

Narziss

Kind – du stürzest ja gleich in den Fluß!

In der Tiefe da ist eine Rose,
in der Rose ein anderer Fluß.

Schau, dieser Vogel! Sieh doch,
den gelben Vogel da, sieh!

Meine Augen schon fielen ins Wasser.

Gott! Er gleitet ja aus! O Knabe!

… in der Rose bin ich jetzt selbst.

Als er im Wasser verschwand,
begriff ich. Doch ich erklär' nicht.

Juegos

Dedicados a la cabeza de Luis Buñuel
En gros plan

[Naranja y limón]

Naranja y limón.

¡Ay la niña
del mal amor!

Limón y naranja.

¡Ay de la niña,
de la niña blanca!

Limón.

(Cómo brillaba
el sol.)

Naranja.

(En las chinas
de agua.)

{Spiele}

{Luis Buñuels Kopf gewidmet
En gros plan}

[Orange und Zitrone]

Orange und Zitrone.

Weh' dem Mädchen
der schlimmen Liebe!

Zitrone und Orange.

Weh' dem Mädchen,
dem weißen Mädchen!

Zitrone.

(Wie die Sonne
strahlte.)

Orange.

(Über die Kiesel
des Wassers.)

La calle de los mudos

Detrás de las inmóviles vidrieras
las muchachas juegan con sus risas.

(En los pianos vacíos,
arañas titiriteras.)

Las muchachas hablan con sus novios
agitando sus trenzas apretadas.

(Mundo del abanico,
el pañuelo y la mano.)

Los galanes replican haciendo,
alas y flores con sus capas negras.

Die Straße der Stummen

Mit ihrem Lachen spielen die Mädchen
hinter unerschütterten Scheiben.

(Auf den müßigen, leeren Klavieren
spielen Seiltanz die Spinnen.)

Von ihren Liebsten sprechen die Mädchen[1]
und schlenkern die schweren Flechten.

(Welt des Fächers,
des Tüchleins, der Hand.)

Die Galane schwingen die schwarzen
Capas als Antwort und wandeln
Wolle in Blumen und Flügel.

---

[1] *con sus novios:* «mit ihren Liebsten».
In Becks Vorlage: *de sus novios.*

Canciones de luna

A José F. Montesinos

La luna asoma

Cuando sale la luna
se pierden las campanas
y aparecen las sendas
impenetrables.

Cuando sale la luna,
el mar cubre la tierra
y el corazón se siente
isla en el infinito.

Nadie come naranjas
bajo la luna llena.
Es preciso comer,
fruta verde y helada.

Cuando sale la luna
de cien rostros iguales,
la moneda de plata
solloza en el bolsillo.

{Mondlieder}

{Für José F. Montesinos}

Der Mond kommt

Wenn der Mond heraufkommt,
vergehen die Glocken,
es erscheinen die Pfade,
die keiner durchdringt.

Wenn der Mond heraufkommt,
wallt Meer über Erde,
und es fühlt sich das Herz
im Unendlichen Eiland.

In des Vollmondes Schein
ißt niemand Orangen.
Man muß grüne, erstarrte
Früchte sich brechen.

Wenn der Mond von hundert
gleichen Gesichtern
zu sich zurückkehrt,
dann schluchzt in der Tasche
die silberne Münze.

Segundo aniversario

La luna clava en el mar
un largo cuerno de luz.

Unicornio gris y verde,
estremecido pero extático.

El cielo flota sobre el aire
como una inmensa flor de loto.

(¡Oh, tú sola paseando
la última estancia de la noche!)

Zweiter Jahrestag

Der Mond stößt in das Meer
ein langes Horn aus Licht.

Graues und grünes Einhorn,
das erzittert, doch verzückt.

Der Himmel schwimmt auf der Luft
wie eine ungeheure Lotusblume.

(Oh, daß du einsam wandelst
im letzten Aufenthalt der Nacht!)

265

Eros con bastón

1925

A Pepín Bello

Lucía Martínez

Lucía Martínez.
Umbría de seda roja.

Tus muslos como la tarde
van de la luz a la sombra.
Los azabaches recónditos
oscurecen tus magnolias.

Aquí estoy, Lucía Martínez.
Vengo a consumir tu boca
y arrastrarte del cabello
en madrugada de conchas.

Porque quiero, y porque puedo.
Umbría de seda roja.

{Eros mit Spazierstock}

{1925}

{Für Pepín Bello}

Lucía Martínez

Lucía Martínez.
Schattenspenderin aus roter Seide.

Es gehen wie der Nachmittag
vom Licht zum Schatten deine Schenkel.
Die tiefverborgenen Gagate
verdunkeln dir deine Magnolien.

Hier bin ich, Lucía Martínez.
Ich komme, deinen Mund zum äußersten zu treiben[1]
und an den Haaren dich zu schleifen
in eine Morgendämmerung von Muscheln.

Weil ich es will und weil ich's kann,
Schattenspenderin aus roter Seide.

---

1   *consumir:* «verzehren».

La soltera en misa

Bajo el Moisés del incienso,
adormecida.

Ojos de toro te miraban.
Tu rosario llovía.

Con ese traje de profunda seda,
no te muevas, Virginia.

Da los negros melones de tus pechos
al rumor de la misa.

Die Jungfer in der Messe

Unter dem Moses im Weihrauch
eingeschlafen.

Stieraugen starrten dich an.
Dein Rosenkranz regnete.

Mit diesem Kleid aus dicker Seide
beweg' dich nicht, Virginia.

Biete die schwarzen Melonen deiner Brüste
dar dem Geräusch der Messe.

Serenata

Homenaje a Lope de Vega

Por las orillas del río
se está la noche mojando
y en los pechos de Lolita
se mueren de amor los ramos.

Se mueren de amor los ramos.

La noche canta desnuda
sobre los puentes de Marzo.
Lolita lava su cuerpo
con agua salobre y nardos.

Se mueren de amor los ramos.

La noche de anís y plata
relumbra por los tejados.
Plata de arroyos y espejos.
Anís de tus muslos blancos.

Se mueren de amor los ramos.

Serenade

Lope de Vega zu Ehren

An Ufersäumen des Flusses
netzt sich, netzt sich die Nacht.
An Lolitas Brüsten, Lolitas,
sterben vor Liebe die Zweige.

Sterben vor Liebe die Zweige!

Die Nacht singt nackt, sie singt nackend
über den Brücken des März.
Lolita wäscht ihren Leib
mit salzigem Wasser und Narden.

Sterben vor Liebe die Zweige!

Die Silbernacht, die Anisnacht
glänzt über Dächer dahin.
Silber der Bäche und Spiegel.
Anis deiner schneeweißen Schenkel.

Sterben vor Liebe die Zweige!

En Málaga

Suntuosa Leonarda.
Carne pontifical y traje blanco,
en las barandas de «Villa Leonarda».
Expuesta a los tranvías y a los barcos.
Negros torsos bañistas oscurecen
la ribera del mar. Oscilando
– concha y loto a la vez –
viene tu culo
de Ceres en retórica de mármol.

In Málaga

Prachtvolle Leonarda.
Priesterlich ist dein Fleisch,
lilienweiß dein Gewand
auf den Dachbalustraden der Villa,
der deinen Namen du gabst.
Ausgesetzt bist du den Schiffen,
den Straßen verbindenden Bahnen.
Die schwarzen Torsen der Schwimmer
verdunkeln am Strande den Sand.
Der Rhetorik des Marmors verfällt
– Muschel zugleich und Lotus –
schwingend dein Arsch einer Ceres.

Trasmundo

A Manuel Ángeles Ortiz

El niño mudo

El niño busca su voz.
(La tenía el rey de los grillos.)
En una gota de agua
buscaba su voz el niño.

No la quiero para hablar;
me haré con ella un anillo
que llevará mi silencio
en su dedo pequeñito.

En una gota de agua
buscaba su voz el niño.

(La voz cautiva, a lo lejos,
se ponía un traje de grillo.)

{Jenseitswelt}

{Für Manuel Ángeles Ortiz}

Das stumme Kind

Das Kind sucht seine Stimme.
(Der König der Grillen
hatte die Stimme.)
Das Kind sucht seine Stimme
in einem Wassertropfen.

Ich will sie nicht zum Sprechen;
ich will einen Ring aus ihr machen,
der seinem kleinen Finger
ansteckt mein Schweigen.

Das Kind sucht seine Stimme
in einem Wassertropfen.
(Die gefangene Stimme zieht,
in der Ferne, ein Grillenkleid an.)

Despedida

Si muero,
dejad el balcón abierto.

El niño come naranjas.
(Desde mi balcón lo veo.)

El segador siega el trigo.
(Desde mi balcón lo siento.)

¡Si muero,
dejad el balcón abierto!

Abschied

Wenn ich sterbe,
laßt den Balkon geöffnet.

Das Kind ißt Orangen.
(Von meinem Balkon seh ich's.)

Der Schnitter mäht Korn.
(Von meinem Balkon fühl ich's.)[1]

Wenn ich sterbe,
laßt den Balkon geöffnet!

---

1 *sentir:* «fühlen», «spüren», «wahrnehmen».
   Hier: «hören».

Suicidio

Quizás fue por no saberte la geometría.

El jovencillo se olvidaba.
Eran las diez de la mañana.

Su corazón se iba llenando,
de alas rotas y flores de trapo.

Notó que ya no le quedaba,
en la boca más que una palabra.

Y al quitarse los guantes, caía,
de sus manos, suave ceniza.

Por el balcón se veía una torre.
Él se sintió balcón y torre.

Vio, sin duda, cómo le miraba
el reloj detenido en su caja.

Vio su sombra tendida y quieta,
en el blanco diván de seda.

Y el joven rígido, geométrico,
con un hacha rompió el espejo.

Al romperlo, un gran chorro de sombra,
inundó la quimérica alcoba.

Selbstmord

(Vielleicht weil du von Geometrie nichts wußtest.)

Der junge Mann hatte sich selbst vergessen.
Es war um zehn Uhr vormittags.

Sein Herz füllte sich allmählich
mit zerbrochnen Flügeln und Blumen aus Stoff.

Er bemerkte, daß ihm in seinem Munde
nicht mehr als nur ein Wort blieb.

Und als er seine Handschuh' auszog,
fiel feiner Staub von seinen Händen.

Man sah, von dem Balkon aus, einen Turm.
Er fühlte sich Balkon und Turm.

Er sah, ganz ohne Zweifel, wie die Uhr,
in ihr Gehäuse eingesperrt, ihn ansah.

Er sah auch seinen Schatten ausgestreckt
und ruhig auf dem weißen Seidendiwan.

Und geometrisch, streng, zerschlug der Jüngling
mit einer Axt den Spiegel.

Indem er ihn zerschlug, da überschwemmte
ein großer Strahl von Schatten den chimärischen Alkoven.

Canciones para terminar

A Rafael Alberti

De otro modo

La hoguera pone al campo de la tarde,
unas astas de ciervo enfurecido.
Todo el valle se tiende. Por sus lomos,
caracolea el vientecillo.

El aire cristaliza bajo el humo.
– Ojo de gato triste y amarillo –.
Yo en mis ojos, paseo por las ramas.
Las ramas se pasean por el río.

Llegan mis cosas esenciales.
Son estribillos de estribillos.
Entre los juncos y la baja tarde,
¡qué raro que me llame Federico!

{Schlusslieder}

{Für Rafael Alberti}

Anders

Das Flackerfeuer stößt Geweihe
wütender Hirsche übers Abendland.[1]
Das ganze Tal ruht aus, und Lüftchen
tummeln sich froh auf seinen Buckeln.

Unter dem Dunst kristallisiert die Luft sich
so gelb wie Katzenaug und traurig.
Ich wandele in meinem Aug durch Zweige,
und Zweige wandeln durch den Fluß.

Nun kommen meine wesentlichen Dinge.
Sind Wiederholungen von Wiederholungen.
Wie seltsam, daß ich noch zwischen Binsen
und Dämmerdunkel Federico heiße!

---

1   *campo de la tarde:* «abendliches Feld».

Dos marinos en la orilla

A Joaquín Amigo

1.°

Se trajo en el corazón
un pez del Mar de la China.

A veces se ve cruzar
diminuto por sus ojos.

Olvida siendo marino
los bares y las naranjas.

Mira al agua.

2.°

Tenía la lengua de jabón.
Lavó sus palabras y se calló.

Mundo plano, mar rizado,
cien estrellas y su barco.

Vio los balcones del Papa
y los pechos dorados de las cubanas.

Mira al agua.

Zwei Matrosen am Ufer

Für Joaquín Amigo

I

Einen Fisch bracht er im Herzen
aus dem Meer von China mit.

Manchmal sieht er selbst sich segeln,
klein, durch seine eignen Augen.[1]

Und vergißt – er ist ein Seemann –
die Orangen und die Bars.

Sieht ins Wasser.

II

Seine Zunge war wie Seife.
Wusch sein Wort, dann war er still.

Platt die Welt, das Meer gekräuselt,
hundert Sterne und sein Schiff.

Und er sah des Papsts Balkone,
der Kubanrin goldne Brüste.

Sieht ins Wasser.

---

[1] «Manchmal sieht man ihn [den Fisch der vorangegangenen
    Strophe] sehr klein in seinem Auge schwimmen.»

Canción del naranjo seco

A Carmen Morales

Leñador.
Córtame la sombra.
Líbrame del suplicio
de verme sin toronjas.

¿Por qué nací entre espejos?
El día me da vueltas.
Y la noche me copia
en todas sus estrellas.

Quiero vivir sin verme.
Y hormigas y vilanos,
soñaré que son mis
hojas y mis pájaros.

Leñador.
Córtame la sombra.
Líbrame del suplicio
de verme sin toronjas.

Lied des verdorrten Orangenbaums

Für Carmen Morales

Holzhauer, hacke
den Schatten mir ab.
Nimm von mir die Marter,
mich fruchtlos zu sehn.

Warum zwischen Spiegeln
ward ich geboren?
Mich meidet der Tag,
es äfft mich die Nacht
in jedem der Sterne.

Leben will ich. Doch
ich will mich nicht sehn.
Und träumen will ich,
daß Ameisen Blätter
und wehende Zasern[1]
Vögel mir sind.

Holzhacker, hacke
den Schatten mir ab.
Nimm von mir die Strafe,
ohne Frucht mich zu sehn.

---

1 *vilano:* «Flugsamen».

Canción del día que se va

¡Qué trabajo me cuesta
dejarte marchar, día!
Te vas lleno de mí,
vuelves sin conocerme.
¡Qué trabajo me cuesta
dejar sobre tu pecho
posibles realidades
de imposibles minutos!

En la tarde, un Perseo
te lima las cadenas,
y huyes sobre los montes
hiriéndote los pies.
No pueden seducirte
mi carne ni mi llanto,
ni los ríos en donde
duermes tu siesta de oro.

Desde Oriente a Occidente
llevo tu luz redonda.
Tu gran luz que sostiene
mi alma, en tensión aguda.
Desde Oriente a Occidente,
¡qué trabajo me cuesta
llevarte con tus pájaros
y tus brazos de viento!

Lied vom scheidenden Tage

Welche Mühsal macht's mir, o Tag,
dich gehen zu lassen.
Du gehst voll von mir fort,
kommst wieder und kennst mich nicht.
Welchen Kummer macht's mir,
an der Brust dir zu lassen
mögliche Wirklichkeiten
unmöglicher Minuten!

Am Abend durchfeilt dir
ein Perseus die Ketten,
und du fliehst über Berge
und verletzt dir die Füße.
Dich kann nicht verführen
mein Fleisch, meine Klage,
nicht die Flüsse, drin mittags
deinen goldenen Schlummer du schläfst.

Von Osten nach Westen
trag ich dein rundes Licht.
Dein großes Licht, das die Seele
in heftiger Spannung mir hält.
Von Osten nach Westen,
welche Mühsal macht's mir
dich mit deinen Vögeln zu bringen
und deinen Armen aus Wind!

Primer romancero gitano

1924-1927

Zigeuner-Romanzen

1924-1927

Romance de la luna, luna

A Conchíta García Lorca

La luna vino a la fragua
con su polisón de nardos.
El niño la mira, mira.
El niño la está mirando.
En el aire conmovido
mueve la luna sus brazos
y enseña, lúbrica y pura,
sus senos de duro estaño.
Huye luna, luna, luna.
Si vinieran los gitanos,
harían con tu corazón
collares y anillos blancos.
Niño, déjame que baile.
Cuando vengan los gitanos,
te encontrarán sobre el yunque
con los ojillos cerrados.
Huye luna, luna, luna,
que ya siento sus caballos.
Niño, déjame, no pises
mi blancor almidonado.

El jinete se acercaba
tocando el tambor del llano.
Dentro de la fragua el niño,
tiene los ojos cerrados.
Por el olivar venían,
bronce y sueño, los gitanos.
Las cabezas levantadas
y los ojos entornados.

Romanze vom Monde, vom Monde

(Für Conchita García Lorca)

Luna kam herab zur Schmiede,
der Turnüre Bausch aus Narden.
Und das Kind beschaut, beschaut sie.
Und es schaut sie an das Kind.
In dem leis gerührten Winde
rühret Luna ihre Arme
und sie zeigt voll Lust und Reinheit
ihrer Brüste hartes Zinn.
‹Fliehe, Luna, Luna, Luna.
Wenn jetzt die Zigeuner kämen,
machten sie aus deinem Herzen
Halsgeschmeid und weiße Ringe.›
‹Laß mich, Kindchen, laß mich tanzen.
Wenn dann die Zigeuner kommen,
finden sie dich auf dem Amboß,
deine Äuglein fest geschlossen.›
‹Fliehe, Luna, Luna, Luna,
denn ich hör schon ihre Pferde.›
‹Laß mich, Kind, stampf mit den Füßchen
nicht auf mein gestärktes Weiß.›

Näher rückte her der Reiter,
und er schlug der Ebne Trommel.
In der Schmiede liegt das Kind,
beide Augen fest geschlossen.
Den Olivenhain durchbrachen
– Traum und Bronze – die Zigeuner.
Ihre Häupter hoch erhoben,
und die Augen halb geschlossen.

Cómo canta la zumaya,
¡ay cómo canta en el árbol!
Por el cielo va la luna
con un niño de la mano.

Dentro de la fragua lloran,
dando gritos, los gitanos.
El aire la vela, vela.
El aire la está velando.

Wie das Käuzchen klagt im Baume,
ach, wie klagt es so im Baum!
Luna zieht dahin am Himmel,
hält an ihrer Hand ein Kind.

Die Zigeuner in der Schmiede
weinen, stoßen Schreie aus.
Und der Wind bewacht, bewacht sie,
Wache hält bei ihr der Wind.

Preciosa y el aire

A Dámaso Alonso

Su luna de pergamino
Preciosa tocando viene,
por un anfibio sendero
de cristales y laureles.
El silencio sin estrellas,
huyendo del sonsonete,
cae donde el mar bate y canta
su noche llena de peces.
En los picos de la sierra
los carabineros duermen
guardando las blancas torres
donde viven los ingleses.
Y los gitanos del agua
levantan por distraerse,
glorietas de caracolas
y ramas de pino verde.

Su luna de pergamino
Preciosa tocando viene.
Al verla se ha levantado
el viento, que nunca duerme.
San Cristobalón desnudo,
lleno de lenguas celestes,
mira a la niña tocando
una dulce gaita ausente.

Niña, deja que levante
tu vestido para verte.
Abre en mis dedos antiguos
la rosa azul de tu vientre.

Preciosa und der Wind

(Für Dámaso Alonso)

Ihren pergamentnen Mond
schlägt Preciosa, die da tänzelnd
geht auf einer Pfadamphibie
aus Kristall und Lorbeerbäumen.
Klingklangflüchtig stürzt die Stille
ohne Sterne in das Meer,
wo es seine fischerfüllte
Nacht umbrandet und besingt.
Auf der Berge Sägezähnen
schlafen die Carabineros,
Hüter jener weißen Villen,
drin die Engelländer wohnen.
Vorn am Wasser die Zigeuner
bauen sich zum Zeitvertreib
Läubchen in den Sand aus Muscheln
und aus grünen Pinienzweigen.

Ihren pergamentnen Mond
schlägt Preciosa, die da wandelt.
Als er sie gesehn, erhob sich
auch der Wind, der niemals schläft.
Sankt Christophorus, der Riese,
nackt und voller Himmelszungen,
schaut das Mädchen an und dudelt
eine süße, ferne Weise.[1]
‹Mädchen, laß dein Kleid mich lüften,
daß ich dich beäugen kann.
Öffne meinen alten Fingern
deines Leibes blaue Rose.›

[1]   *gaita:* (galizischer) Dudelsack.

Preciosa tira el pandero
y corre sin detenerse.
El viento-hombrón la persigue
con una espada caliente.

Frunce su rumor el mar.
Los olivos palidecen.
Cantan las flautas de umbría
y el liso gong de la nieve.

¡Preciosa, corre, Preciosa,
que te coge el viento verde!
¡Preciosa, corre, Preciosa!
¡Míralo por dónde viene!
Sátiro de estrellas bajas
con sus lenguas relucientes.

Preciosa, llena de miedo,
entra en la casa que tiene
más arriba de los pinos,
el cónsul de los ingleses.

Asustados por los gritos
tres carabineros vienen,
sus negras capas ceñidas
y los gorros en las sienes.

El inglés da a la gitana
un vaso de tibia leche,
y una copa de ginebra
que Preciosa no se bebe.

Ohne Rast rennt da Preciosa,
schleudert fort ihr Tamburin,
während ihr der ungeschlachte
Windmann folgt mit heißem Degen.

Sein Geraun das Meer nun runzelt.
Die Oliven werden fahl.
Und die Schattenflöten tönen
mit dem glatten Gong des Schnees.

Lauf, Preciosa! Lauf, Preciosa!
Sonst fängt dich der grüne Wind![1]
Lauf, Preciosa! Lauf, Preciosa!
Sieh doch nur, von wo er kommt!
Dieser Satyr niedrer Sterne
mit den vielen Funkelzungen.

Angstvoll flüchtet sich Preciosa
in das Haus, darin hoch oben
überm grünen Pinienwalde
wohnt der Engelländer Konsul.

Aufgeschreckt von ihren Schreien,
kommen drei Carabineros,
fest gehüllt in schwarze Capas,
schief die Käppis an den Schläfen.

Der Zigeunrin gibt ein Glas
laue Milch der Engelländer
und ein Gläschen voll Wacholder –
doch das leert Preciosa nicht.

---

1 *verde:* «grün»; «lüstern»; *viento verde* klingt an
veijo verde, «alter Lustmolch», an.

Y mientras cuenta, llorando,
su aventura a aquella gente,
en las tejas de pizarra
el viento, furioso, muerde.

Und derweil ihr Abenteuer
weinend sie erzählt den Leuten,
schnaubt der Wind und beißt vor Wut
in des Daches Schieferziegel.

Reyerta

A Rafael Méndez

En la mitad del barranco
las navajas de Albacete,
bellas de sangre contraria,
relucen como los peces.
Una dura luz de naipe
recorta en el agrio verde,
caballos enfurecidos
y perfiles de jinetes.
En la copa de un olivo
lloran dos viejas mujeres.
El toro de la reyerta
se sube por las paredes.
Ángeles negros traían
pañuelos y agua de nieve.
Ángeles con grandes alas
de navajas de Albacete.
Juan Antonio el de Montilla
rueda muerto la pendiente,
su cuerpo lleno de lirios
y una granada en las sienes.
Ahora monta cruz de fuego
carretera de la muerte.

El juez, con guardia civil,
por los olivares viene.
Sangre resbalada gime
muda canción de serpiente.
Señores guardias civiles:
aquí pasó lo de siempre.

Streit

[Für Rafael Méndez]

Mitten in der Bergschlucht glitzern
Messer, schön vom Blut des Gegners,
Albaceter Schmiedemesser
blitzen auf wie flinke Fische.
Hartes Kartenspiellicht schneidet
aus dem herben Grün die Schatten
wilder Pferde und der Reiter
scharf umrissene Profile.
In der Krone eines Ölbaums
weinen zwei uralte Frauen,
während dieses Kampfes Stier
an den Wänden sich emporbäumt.
Schwarze Engel brachten Tücher,
Wasser von geschmolznem Schnee –
Engel mit gewalt'gen Flügeln
ganz aus Albaceter Messern.
Juan Antonio de Montilla
rollt den Abhang tot hinab,
seinen Leib bedecken Lilien,
an den Schläfen reift Granatfrucht.
Und nun reitet, Kreuz aus Feuer,
er empor den Weg des Todes.

Richter und Zivilgardisten
kommen durch die Ölbaumhaine.
Und es seufzt verglittnes Blut,
stöhnt ein stummes Schlangenlied.
‹Meine Herrn Zivilgardisten:
hier geschah, was stets geschieht.

Han muerto cuatro romanos
y cinco cartagineses.

La tarde loca de higueras
y de rumores calientes,
cae desmayada en los muslos
heridos de los jinetes.
Y ángeles negros volaban
por el aire del poniente.
Ángeles de largas trenzas
y corazones de aceite.

Vier der Römer sind gefallen,
fünf Karthager liegen tot.›

Außer sich vor Feigenbäumen
und vor heißerregtem Rauschen,
fällt der Nachmittag entkräftet
in der Reiter wunde Schenkel.
Und es flogen schwarze Engel
durch den Abenddämmerwind,
Engel mit sehr langen Zöpfen,
Herzen aus Olivenöl.

Romance sonámbulo

A Gloria Giner y a Fernando de los Ríos

Verde que te quiero verde.
Verde viento. Verdes ramas.
El barco sobre la mar
y el caballo en la montaña.
Con la sombra en la cintura,
ella sueña en su baranda
verde carne, pelo verde,
con ojos de fría plata.
Verde que te quiero verde.
Bajo la luna gitana,
las cosas la están mirando
y ella no puede mirarlas.

Verde que te quiero verde.
Grandes estrellas de escarcha,
vienen con el pez de sombra
que abre el camino del alba.
La higuera frota su viento
con la lija de sus ramas,
y el monte, gato garduño,
eriza sus pitas agrias.
¿Pero quién vendrá? ¿Y por dónde? ...
Ella sigue en su baranda
verde carne, pelo verde,
soñando en la mar amarga.

Compadre, quiero cambiar,
mi caballo por su casa,

Somnambule Romanze

Für Gloria Giner und Fernando de los Ríos

Grün wie ich dich liebe, grün.
Grüner Wind. Und grüne Zweige.
Barke auf des Meeres Wasser
und das Pferd in hohen Bergen.
An der Balustrade träumt sie,
Schatten gürtet ihre Lende,
grüne Haut und grünes Haar,
Augen ganz aus kaltem Silber.
Grün wie ich dich liebe, grün.
Unter dem Zigeunermonde
sehen sie die Dinge an,
welche sie nicht ansehn kann.

Grün wie ich dich liebe, grün.
Große Sterne, die aus Reif
kommen mit dem Schattenfische,
der dem Morgendämmer Bahn bricht.
Seine Brise reibt der Feigbaum
an der Haihaut seiner Zweige;
seine spitzigen Agaven
sträubt der Berg, der dieb'sche Kater.
Doch wer kommt wohl? Und von wannen …?
An der Balustrade bleibt sie,
grüne Haut und grünes Haar,
träumend in dem bittren Meer.
– Tauschen möchte ich, Gevatter,
meine Stute für Ihr Haus
und mein Zaumzeug für den Spiegel,

mi montura por su espejo,
mi cuchillo por su manta.
Compadre, vengo sangrando,
desde los puertos de Cabra.
Si yo pudiera, mocito,
este trato se cerraba.
Pero yo ya no soy yo,
ni mi casa es ya mi casa.
Compadre, quiero morir
decentemente en mi cama.
De acero, si puede ser,
con las sábanas de holanda.
¿No ves la herida que tengo
desde el pecho a la garganta?
Trescientas rosas morenas
lleva tu pechera blanca.
Tu sangre rezuma y huele
alrededor de tu faja.
Pero yo ya no soy yo.
Ni mi casa es ya mi casa.
Dejadme subir al menos
hasta las altas barandas,
¡dejadme subir!, dejadme
hasta las verdes barandas.
Barandales de la luna
por donde retumba el agua.

Ya suben los dos compadres
hacia las altas barandas.
Dejando un rastro de sangre.
Dejando un rastro de lágrimas.
Temblaban en los tejados
farolillos de hojalata.

für mein Messer Ihre Decke.[1]
Blutend komme ich, Gevatter,
von den Bergespässen Cabras.
– Wenn ich das, mein Junge, könnte,
schlöss' mit dir ich diesen Handel.
Aber ich bin nicht mehr ich,
und mein Haus ist nicht mein Haus mehr.
– Will, Gevatter, schicklich sterben,
wenn es geht, in meinem Stahlbett
mit den holländischen Laken.
Siehst du meine Wunde nicht
von der Brust bis her zur Kehle?
– Dreimalhundert dunkle Rosen
schmücken dir dein weißes Vorhemd.
Ringsherum um deine Schärpe
sickert dir und riecht dein Blut.
Aber ich bin nicht mehr ich
und mein Haus ist nicht mein Haus mehr.
– Laßt mich wenigstens doch steigen
zu den hohen Balustraden;
laßt hinauf mich!, laßt mich steigen
zu den grünen Balustraden.
Zu des Monds Geländersäulchen.
wo des Wassers Tropfen nachhallt.

Und die zwei Gevattern steigen
zu den hohen Balustraden.
Lassen eine blut'ge Spur.
Lassen eine Tränenfährte.
Kleine Blechlaternchen bebten
auf den Dächern. Und des Morgens

---

1 Vom spanischen Text her ist die Interpretation «Ihr Haus» und
   «Ihre Decke» zwar möglich, naheliegender ist aber «ihr Haus»,
   «ihre Decke» (Haus und Decke der Tochter, nicht des Vaters).

ZIGEUNER-ROMANZEN

Mil panderos de cristal,
herían la madrugada.

Verde que te quiero verde,
verde viento, verdes ramas.
Los dos compadres subieron.
El largo viento, dejaba
en la boca un raro gusto
de hiel, de menta y de albahaca.
¡Compadre! ¿Dónde está, dime?
¿Dónde está tu niña amarga?
¡Cuántas veces te esperó!
¡Cuántas veces te esperara
cara fresca, negro pelo,
en esta verde baranda!

Sobre el rostro del aljibe,
se mecía la gitana.
Verde carne, pelo verde,
con ojos de fría plata.
Un carámbano de luna,
la sostiene sobre el agua.
La noche se puso íntima
como una pequeña plaza.
Guardias civiles borrachos,
en la puerta golpeaban.
Verde que te quiero verde.
Verde viento. Verdes ramas.
El barco sobre la mar.
Y el caballo en la montaña.

Dämmrung ward erfüllt[1] von tausend
Tamburinen aus Kristall.

Grün wie ich dich liebe, grün.
Grüner Wind und grüne Zweige.
Die Gevattern stiegen beide.
Einen sonderbarn Geschmack
von Basilienkraut, von Galle
und von Minze ließ der lange
wehnde Wind in ihrem Mund.
– Sag mir doch, Gevatter, wo,
wo ist deine bittre Tochter?
– Wievielmal sie deiner harrte!
Harrte deiner, ach, wie oft!,
frisches Antlitz, schwarzes Haar,
an der grünen Balustrade!

Auf dem Antlitz der Zisterne
wiegt' sich die Zigeunerin.
Grüne Haut und grünes Haar,
Augen ganz aus kaltem Silber.
Und ein Mondeseiszapf hält sie
überm Wasser. Traulich wurde,
wie ein kleiner Platz, die Nacht.
Trunkene Zivilgardisten
schlugen polternd an die Tür.
Grün wie ich dich liebe, grün.
Grüner Wind. Und grüne Zweige.
Barke auf des Meeres Wasser.
Und das Pferd in hohen Bergen.

1   *herían:* «verletzten».

La monja gitana

A José Moreno Villa

Silencio de cal y mirto.
Malvas en las hierbas finas.
La monja borda alhelíes
sobre una tela pajiza.
Vuelan en la araña gris,
siete pájaros del prisma.
La iglesia gruñe a lo lejos
como un oso panza arriba.
¡Qué bien borda! ¡Con qué gracia!
Sobre la tela pajiza,
ella quisiera bordar
flores de su fantasía.
¡Qué girasol! ¡Qué magnolia
de lentejuelas y cintas!
¡Qué azafranes y qué lunas,
en el mantel de la misa!
Cinco toronjas se endulzan
en la cercana cocina.
Las cinco llagas de Cristo
cortadas en Almería.
Por los ojos de la monja
galopan dos caballistas.
Un rumor último y sordo
le despega la camisa,
y al mirar nubes y montes
en las yertas lejanías,
se quiebra su corazón
de azúcar y yerbaluisa.

Die Zigeunernonne

{Für José Moreno Villa}

Schweigsamkeit von Kalk und Myrte.
Malven zwischen Zittergras.
Auf ein Tuch so gelb wie Stroh,
stickt die Nonne still Levkoien.
Aus dem Prisma fliegen sieben
Vögel in den grauen Leuchter.[1]
In der Ferne brummt die Kirche
wie ein Bär, den Bauch zum Himmel.
Wie sie stickt, so fein, voll Anmut!
Möcht aufs gelbe Tuch wohl sticken
Blumen ihrer Phantasie.
Was für eine Sonnenblume!
Welch Magnolie aus Bändern
und aus bunten Flimmerblättchen!
Was für Safran, welche Monde
im Altartuch für die Messe!
In der nahen Küche werden
fünf Pomeranzen eingesüßt.
Christi fünf geschworne Wunden,
die man schnitt in Almeriá.
Durch der Nonne Augen sprengen
im Galopp zwei kühne Reiter.
Eine letzte, dumpfe Unruh
löst das Hemd ihr von der Brust,
und wie sie in starren Fernen
Wolken anblickt und Gebirge,
bricht das Herz ihr – Herz aus Zucker
und Luisenkraut – entzwei.

---

1 *araña:* «Spinne»; «Spinnennetz»; «Leuchter».

¡Oh!, qué llanura empinada
con veinte soles arriba.
¡Qué ríos puestos de pie
vislumbra su fantasía!
Pero sigue con sus flores,
mientras que de pie, en la brisa,
la luz juega el ajedrez
alto de la celosía.

O die Flur dort in der Höhe,
überstrahlt von zwanzig Sonnen!
Flüsse gar, die aufgerichtet,
sprühn durch ihre Phantasie!
Doch derweil sie ihre Blumen
weiterstickt, spielt in der Brise
senkrecht stehndes Licht das hohe
Schach des Fenstergitterladens.

La casada infiel

A Lydia Cabrera y a su negrita

Y que yo me la llevé al río
creyendo que era mozuela,
pero tenía marido.

Fue la noche de Santiago
y casi por compromiso.
Se apagaron los faroles
y se encendieron los grillos.
En las últimas esquinas
toqué sus pechos dormidos,
y se me abrieron de pronto
como ramos de jacintos.
El almidón de su enagua
me sonaba en el oído,
como una pieza de seda
rasgada por diez cuchillos.
Sin luz de plata en sus copas
los árboles han crecido
y un horizonte de perros
ladra muy lejos del río.

Pasadas las zarzamoras,
los juncos y los espinos,
bajo su mata de pelo
hice un hoyo sobre el limo.
Yo me quité la corbata.
Ella se quitó el vestido.
Yo el cinturón con revólver.

PRIMER ROMANCERO GITANO

Die untreue Frau

(Für Lydia Cabrera und ihre Negrita)

Und ich nahm sie mit zum Flusse,
glaubte, sie sei noch ein Mädchen,
doch sie hatte einen Mann.

In der Nacht auf Sankt Jakobus
wars und fast wie abgemacht.
Es erloschen die Laternen,
und die Grillen fingen Feuer.
Bei den letzten Häuserecken
rührte ich an ihre Brüste,
die sich leicht im Schlummer wiegten,
und sie blühten für mich gleich
auf wie Hyazinthensträuße.
Ihres Unterrockes Stärke
raschelt' mir im Ohr wie Seide,
aufgerissen mit zehn Messern.
Ohne Silberlicht in ihren
Kronen warn die Bäume höher,
und ein Horizont von Hunden
kläffte – weit entfernt vom Fluß.

Als wir nun die Brombeersträucher,
Binsen und die Weißdornbüsche
hinter uns gelassen hatten,
höhlte ich den feuchten Sand
unter ihres Haares Fülle.
Ich entledigt' mich des Halstuchs.
Sie entledigt' sich des Kleides.
Ich des Gurts mich mit Revolver.

　　　　ZIGEUNER-ROMANZEN

Ella sus cuatro corpiños.
Ni nardos ni caracolas
tienen el cutis tan fino,
ni los cristales con luna
relumbran con ese brillo.
Sus muslos se me escapaban
como peces sorprendidos,
la mitad llenos de lumbre,
la mitad llenos de frío.
Aquella noche corrí
el mejor de los caminos,
montado en potra de nácar
sin bridas y sin estribos.
No quiero decir, por hombre,
las cosas que ella me dijo.
La luz del entendimiento
me hace ser muy comedido.
Sucia de besos y arena
yo me la llevé del río.
Con el aire se batían
las espadas de los lirios.

Me porté como quien soy.
Como un gitano legítimo.
Le regalé un costurero
grande, de raso pajizo,
y no quise enamorarme
porque teniendo marido
me dijo que era mozuela
cuando la llevaba al río.

Sie sich ihrer drei, vier Leibchen.
Narden nicht, nicht Blütenmuscheln
haben solche feine Haut,
selbst Kristall, darauf der Mond,
schimmert nicht mit solchem Glanz.
Ihre Schenkel schlüpften mir
fort wie aufgescheuchte Fische,
halb voll Feuer, halb voll Frost.
Ich durchrast' in jener Nacht
aller Wege schönsten Weg,
ritt ein Füllen aus Perlmutter
ohne Zügel, ohne Bügel.
Will, als Ehrenmann, nicht sagen,
all das, was sie mir gesagt hat.
Die Erleuchtung des Verstandes
heißt mich sehr bescheiden bleiben.
Brachte fort sie dann vom Fluß,
unrein ganz von Sand und Küssen,
während mit der Luft gewandt
sich der Lilien Schwerter schlugen.

Ich benahm mich wie ich bin.
Wie ein wirklicher Zigeuner.
Schenkt' ihr einen Nähzeugbeutel,
prächtig, aus strohgelbem Atlas,
und ich wollt mich nicht verlieben,
weil sie mir, wiewohl sie einen
Mann schon hatte, dennoch sagte,
daß sie noch ein Mädchen sei,
als ich sie zum Flusse mitnahm.

Romance de la pena negra

A José Navarro Pardo

Las piquetas de los gallos
cavan buscando la aurora,
cuando por el monte oscuro
baja Soledad Montoya.
Cobre amarillo, su carne,
huele a caballo y a sombra.
Yunques ahumados sus pechos,
gimen canciones redondas.
Soledad: ¿por quién preguntas
sin compaña y a estas horas?
Pregunte por quien pregunte,
dime: ¿a ti qué se te importa?
Vengo a buscar lo que busco,
mi alegría y mi persona.
Soledad de mis pesares,
caballo que se desboca,
al fin encuentra la mar
y se lo tragan las olas.
No me recuerdes el mar
que la pena negra, brota
en las tierras de aceituna
bajo el rumor de las hojas.
¡Soledad, qué pena tienes!
¡Qué pena tan lastimosa!
Lloras zumo de limón
agrio de espera y de boca.
¡Qué pena tan grande! Corro
mi casa como una loca,

Romanze von der schwarzen Pein

Für José Navarro Pardo

Nach der Morgenröte suchend,
grübeln spitz der Hähne Hacken,
während Soledad Montoya
niedersteigt vom dunklen Berge.
Gelbes Kupfer ist ihr Fleisch,
riecht nach Pferd und riecht nach Schatten.
Ihrer Brüste Amboßhörner,
die vom Ruß des Rauchs gebeizt,
seufzen runde, dunkle Lieder.
– Soledad, nach wem nur suchst du,
ganz allein, um diese Stunde?
– Mag ich suchen, wen ich suche,
sag mir doch, was kümmerts *dich*?
Möchte suchen, was ich suche,
meine Freude und mich selbst.
– Soledad du meiner Sorgen,
wenn das scheu gewordne Pferd
stürzt am Ende hin zum Meer,
dann verschlingen es die Wellen.
– Mußt mich nicht ans Meer erinnern,
denn das schwarze Herzeleid
sprießt aus der Olivenerde
unter dem Geraun der Blätter.
– Soledad, welch eine Pein!
Welch erbarmungswürd'ge Pein!
Weinst, ja weinst Zitronensaft,
von Geschmack, vor Harren sauer!
– Welche große Pein! Ich renne
wie im Wahnsinn durch mein Haus,

mis dos trenzas por el suelo
de la cocina a la alcoba.
¡Qué pena! Me estoy poniendo
de azabache, carne y ropa.
¡Ay mis camisas de hilo!
¡Ay mis muslos de amapola!
Soledad: lava tu cuerpo
con agua de las alondras,
y deja tu corazón
en paz, Soledad Montoya.

Por abajo canta el río:
volante de cielo y hojas.
Con flores de calabaza,
la nueva luz se corona.
¡Oh pena de los gitanos!
Pena limpia y siempre sola.
¡Oh pena de cauce oculto
y madrugada remota!

beide Zöpfe übern Boden,
von der Küche zum Alkoven.
Welche Pein! Ganz zu Gagat
werden Kleider mir und Fleisch,
Meine Hemden, ach!, aus Leinen!
Meine Schenkel, ach!, aus Mohn!
– Soledad, wasch deinen Leib
mit der Lerchen klarem Wasser,
und in Frieden laß dein Herz,
laß es, Soledad Montoya!

Unten singt im Tal der Fluß
Kräuselsaum aus Laub und Himmel.
Und es kränzt das neue Licht
sich mit Kalabassenblüten.
Pein, o Leiden der Zigeuner!
Reine Pein und immer einsam.
Pein verborgnen, dunklen Rinnens
und schon lang vergangnen Morgens!

San Miguel
Granada

A Diego Buigas de Dalmau

Se ven desde las barandas,
por el monte, monte, monte,
mulos y sombras de mulos
cargados de girasoles.

Sus ojos en las umbrías
se empañan de inmensa noche.
En los recodos del aire,
cruje la aurora salobre.

Un cielo de mulos blancos
cierra sus ojos de azogue
dando a la quieta penumbra
un final de corazones.
Y el agua se pone fría
para que nadie la toque.
Agua loca y descubierta
por el monte, monte, monte.

San Miguel lleno de encajes
en la alcoba de su torre,
enseña sus bellos muslos
ceñidos por los faroles.

Arcángel domesticado
en el gesto de las doce,
finge una cólera dulce
de plumas y ruiseñores.
San Miguel canta en los vidrios;

San Miguel · Granada

{Für Diego Buigas de Dalmau}

Von des Daches Balustraden
sieht man auf dem Berg, Berg, Berg,
Maultiere und Maultierschatten,
sonnenblumenüberladen.

Ihre Augen in dem Dunkel
tränkt die Nacht, die unermeßlich.
In des frühen Windes Winkeln
knistert salz'ge Morgenröte.

Seine Augen aus Quecksilber
schließt ein weißer Maultierhimmel,
während er dem ruh'gen Dämmern
ein Finale gibt von Herzen.

Kalt wirds Wasser, auf daß niemand
rühr an seine Unberührtheit.
Tolles, unbedecktes Wasser
überm Berg, dem Berg, dem Berg.

San Miguel, besät mit Spitzen,
im Alkoven seines Turms,
zeigt da seine schönen Schenkel,
mit Laternchen rings umgeben.
Erzengel, gar zahm und häuslich
in der zwölften Stunde Zeichen,
spielt nun einen ganz gelinden
Zorn von Nachtigalln und Federn.
San Miguel singt in den Fenstern;

Efebo de tres mil noches,
fragante de agua colonia
y lejano de las flores.

El mar baila por la playa,
un poema de balcones.
Las orillas de la luna
pierden juncos, ganan voces.
Vienen manolas comiendo
semillas de girasoles,
los culos grandes y ocultos
como planetas de cobre.

Vienen altos caballeros
y damas de triste porte,
morenas por la nostalgia
de un ayer de ruiseñores.
Y el obispo de Manila
ciego de azafrán y pobre,
dice misa con dos filos
para mujeres y hombres.

San Miguel se estaba quieto
en la alcoba de su torre,
con las enaguas cuajadas
de espejitos y entredoses.

San Miguel, rey de los globos
y de los números nones,
en el primor berberisco
de gritos y miradores.

der Ephebe von dreitausend
Nächten, Kölnisch-Wasser-triefend,
von den Blumen weit entfernt.

Auf dem Strande tanzt das Meer
eine Dichtung von Balkonen.
Es verliern des Mondes Ufer
Binsen, doch gewinnen Stimmen.
Und es kommen nun Manolas,
kauen Sonnenblumenkerne;
große und verborgne Ärsche
wie Planeten, die aus Kupfer.
Große Herren stelln sich ein,
melancholisch wandeln Damen,
die ein Nachtigallen-Gestern
dunkelbraun vor Sehnsucht macht.
Und der Bischof von Manila,
blind vor Safran und recht ärmlich,
liest die Messe mit zwei Schneiden
für die Fraun und für die Männer.

San Miguel verhielt sich ruhig
im Alkoven seines Turms,
seine Überwürfe[1] strotzen
von Besätzen und von Spieglein.

San Miguel, der Globen König
und der ungeraden Zahlen
in dem barbaresken[2] Prachtstück
von Geschrei und Miradores.

---

[1]   *enaguas:* «Unterröcke».
[2]   *berberisco:* «berberisch».

San Rafael
Córdoba

A Juan Izquierdo Croselles

I

Coches cerrados llegaban
a las orillas de juncos
donde las ondas alisan
romano torso desnudo.
Coches, que el Guadalquivir
tiende en su cristal maduro,
entre láminas de flores
y resonancias de nublos.
Los niños tejen y cantan
el desengaño del mundo
cerca de los viejos coches
perdidos en el nocturno.
Pero Córdoba no tiembla
bajo el misterio confuso,
pues si la sombra levanta
la arquitectura del humo,
un pie de mármol afirma
su casto fulgor enjuto.
Pétalos de lata débil
recaman los grises puros
de la brisa, desplegada
sobre los arcos de triunfo.
Y mientras el puente sopla
diez rumores de Neptuno,
vendedores de tabaco
huyen por el roto muro.

San Rafael · Córdoba

{Für Juan Izquierdo Croselles}

I

Dicht geschloßne Wagen rollten
an der Ufer Schilfrohrbänder,
wo die Wellen einen nackten
Römertorso glätten. Wagen,
welche der Guadalquivir
weiterzieht durch sein Kristall
in der Reife seiner Jahre,
zwischen Blumenbilderblättern
und dem Widerklang von Wolken.
Knaben weben und besingen
die Entzauberung der Welt,
nahe bei den alten Wagen,
die im Nachtsang sich verlieren.
Aber Córdoba erbebt nicht
unter diesem schleierhaften
und geheimnisvollen Schauspiel,
denn errichtet auch der Schatten
Nebeldunstarchitekturen,
so bestärkt ein Fuß aus Marmor
seinen keuschen, trocknen Schimmer.
Schwache blechne Blütenkronen
übersticken reines Grau
einer Brise, weit entfaltet
über hohen Siegesbögen.
Und derweil die Brücke ausbläst
zehnerlei Geräusch Neptuns,
flüchten Schmuggeltabakhändler
durch die eingebrochne Mauer.

II

Un solo pez en el agua
que a las dos Córdobas junta.
Blanda Córdoba de juncos.
Córdoba de arquitectura.
Niños de cara impasible
en la orilla se desnudan,
aprendices de Tobías
y Merlines de cintura,
para fastidiar al pez
en irónica pregunta
si quiere flores de vino
o saltos de media luna.
Pero el pez que dora el agua
y los mármoles enluta,
les da lección y equilibrio
de solitaria columna.
El Arcángel aljamiado
de lentejuelas oscuras,
en el mitin de las ondas
buscaba rumor y cuna.

Un solo pez en el agua.
Dos Córdobas de hermosura.
Córdoba quebrada en chorros.
Celeste Córdoba enjuta.

II

Nur ein einz'ger Fisch im Wasser,
das die beiden Córdoba
innig aneinanderfügt:
Schwankes Córdoba des Schilfs.
Córdoba der alten Baukunst.
Knaben mit des Gleichmuts Miene
kleiden sich am Ufer aus,
Lernbeflißne des Tobias,
wahre Merlins ihrer Hüften,
um den Fisch dreist aufzuziehen
mit der schalkdurchtriebnen Frage,
ob er lieber Weinesblüten
oder Halbmondsprünge wolle.
Doch der Fisch, das Wasser golden
und den Marmor dunkel tönend,
unterweist sie und verleiht
ihnen nun das Gleichgewicht
einer einsam stehnden Säule.
Der Erzengel, spanisch-maurisch
mit den dunklen Glimmerblättchen
suchte in der Wellen Meeting
seine Wiege und sein Murmeln.

Nur ein einz'ger Fisch im Wasser.
Zweimal Córdoba in Schönheit.
Córdoba, gestrählzerteilt.
Trocknes Himmelscórdoba.

San Gabriel
Sevilla

A D. Agustín Viñuales

I

Un bello niño de junco,
anchos hombros, fino talle,
piel de nocturna manzana,
boca triste y ojos grandes,
nervio de plata caliente,
ronda la desierta calle.
Sus zapatos de charol
rompen las dalias del aire,
con los dos ritmos que cantan
breves lutos celestiales.
En la ribera del mar
no hay palma que se le iguale,
ni emperador coronado
ni lucero caminante.
Cuando la cabeza inclina
sobre su pecho de jaspe,
la noche busca llanuras
porque quiere arrodillarse.
Las guitarras suenan solas
para San Gabriel Arcángel,
domador de palomillas
y enemigo de los sauces.
San Gabriel: El niño llora
en el vientre de su madre.
No olvides que los gitanos
te regalaron el traje.

San Gabriel · Sevilla

[Für Don Agustín Viñuales]

I

Durch die leer gewordnen Straßen
schwärmt ein Knabe, schön wie Schilfrohr,
breite Schultern, schmale Hüften,
Haut wie Apfel in der Nachtzeit,
Mund der Schwermut, große Augen,
Nerv,[1] beschwingt wie heißes Silber.
Seine lackpolierten Schuhe
knicken Dahlien der Luft
mit den beiden Rhythmen, welche
kurze Himmelstrauer ächzen.
Nichts gibts, was ihm gleichen könnte –
nicht am Meergestad die Palme,
nicht im Kronenschmuck ein Kaiser,
nicht ein Stern, der strahlend wandelt.
Neigt auf seine Brust aus Jaspis
er das Haupt, dann sucht die Nacht
Ebnen, um ins Knie zu sinken.
Die Gitarren tönen einzig
für den Heil'gen Gabriel,
der die weißen Pferde[2] bändigt
und der Weidenbäume Feind ist.
‹Heil'ger Gabriel, das Kind
weint im Schoße seiner Mutter.
Und vergiß nicht, daß dein Kleid
ein Geschenk ist der Zigeuner.›

1   *nervio*: «Nerv»; «Sehne»; «Energie».
2   *palomilla*: «Täubchen»; «weißes Pferd».

II

Anunciación de los Reyes
bien lunada y mal vestida,
abre la puerta al lucero
que por la calle venía.
El Arcángel San Gabriel
entre azucena y sonrisa,
biznieto de la Giralda,
se acercaba de visita.
En su chaleco bordado
grillos ocultos palpitan.
Las estrellas de la noche,
se volvieron campanillas.
San Gabriel: Aquí me tienes
con tres clavos de alegría.
Tu fulgor abre jazmines
sobre mi cara encendida.
Dios te salve, Anunciación.
Morena de maravilla.
Tendrás un niño más bello
que los tallos de la brisa.
¡Ay San Gabriel de mis ojos!
¡Gabrielillo de mi vida!
para sentarte yo sueño
un sillón de clavellinas.
Dios te salve, Anunciación,
bien lunada y mal vestida.
Tu niño tendrá en el pecho
un lunar y tres heridas.
¡Ay San Gabriel que reluces!
¡Gabrielillo de mi vida!

II

Anunciación de los Reyes,
gut gelaunt und schlecht gekleidet,
öffnet ihre Tür dem Stern,
der daherkam auf der Straße.
Erzengel Sankt Gabriel,
zwischen Lilie und Lächeln,
Urgroßenkel der Giralda,
nahte sich nun zu Besuch.
In der reich bestickten Weste
zirpen ihm verborgne Grillen.
Und es wurden helle Glöckchen
alle Sterne nun der Nacht.
‹Heil'ger Gabriel: Mit drei Nägeln,
doch der Freude, sieh' durchbohrt mich.
Im entflammten Antlitz öffnet
Jasmine mir deine Pracht.›
‹Gott mit dir, du wunderbare
braune Anunciación.
Einen Sohn gebierst du – schöner
als der Brise Blumenstiele.›
‹Ach, Sankt Gabriel, du mein Augstern!
Gabrielchen, du mein Leben!
Ich erträum mir einen Sessel
aus den schönsten Büschelnelken,
da hinein ich dich könnt setzen.›
‹Gott mit dir, Anunciación,
gut gelaunt und schlecht gekleidet.
Auf der Brust drei Wunden haben
wird dein Kind; dazu ein Mal.›
‹Ach, Sankt Gabriel, wie du strahlst!
Gabrielchen, du mein Leben!

En el fondo de mis pechos
ya nace la leche tibia.
Dios te salve, Anunciación.
Madre de cien dinastías.
Áridos lucen tus ojos,
paisajes de caballista.

El niño canta en el seno
de Anunciación sorprendida.
Tres balas de almendra verde
tiemblan en su vocecita.
Ya San Gabriel en el aire
por una escala subía.
Las estrellas de la noche
se volvieron siemprevivas.

In der Tiefe meiner Brüste
quillt ja schon die laue Milch.›
‹Gott mit dir, Anunciación!
Mutter wirst du, von der hundert
große Dynastien entstammen.
Deine Augen glänzen trocken –
Landschaften verwegner Reiter.›

In dem Schoß der überraschten
Anunciación das Kind
singt – drei grüne Zuckermandeln
zittern ihm in seinem Stimmchen.
Und dann stieg auf seiner Leiter
in die Luft Sankt Gabriel,
während sich in Immortellen
alles Nachtgestirn verwandelt.

Prendimiento de Antoñito el Camborio en el camino de Sevilla

A Margarita Xirgu

Antonio Torres Heredia,
hijo y nieto de Camborios,
con una vara de mimbre
va a Sevilla a ver los toros.
Moreno de verde luna
anda despacio y garboso.
Sus empavonados bucles
le brillan entre los ojos.
A la mitad del camino
cortó limones redondos,
y los fue tirando al agua
hasta que la puso de oro.
Y a la mitad del camino,
bajo las ramas de un olmo,
Guardia Civil caminera
lo llevó codo con codo.

El día se va despacio,
la tarde colgada a un hombro,
dando una larga torera
sobre el mar y los arroyos.
Las aceitunas aguardan
la noche de Capricornio,
y una corta brisa, ecuestre,
salta los montes de plomo.
Antonio Torres Heredia,
hijo y nieto de Camborios,

Gefangennahme Antoñitos el Camborio auf dem Wege nach Sevilla

{Für Margarita Xirgu}

Antonio Torres Heredia,
Sohn und Enkel der Camborio,
geht zum Stierkampf nach Sevilla.
Braun, darin der grüne Mond,
in der Hand die Weidengerte,
geht gemächlich er und nobel.
Zwischen seinen Augen glänzen
ihm die Locken wie Metall.
Auf des Weges Hälfte brach er
schön gerundete Zitronen
und er warf sie in das Wasser,
um es ganz zu übergolden.

Und ihn fing auf halbem Wege
unter einer Ulme Zweigen
eine Streife Landgendarmen –
führt' ihn ab in ihrer Mitte.

Langsam weicht der Tag von dannen,
schleift dabei in weitem Schwunge
seines Nachmittages Mantel,
der ihm hangt von einer Schulter,
über Meer und über Flüsse.
Es erwarten die Oliven
in des Steinbocks Bild die Nacht.
Kurze Brise springt, beritten,
über bleiernes Gebirg.
Antonio Torres Heredia,
Sohn und Enkel der Camborio,

viene sin vara de mimbre
entre los cinco tricornios.

Antonio, ¿quién eres tú?
Si te llamaras Camborio,
hubieras hecho una fuente
de sangre, con cinco chorros.
Ni tú eres hijo de nadie,
ni legítimo Camborio.
¡Se acabaron los gitanos
que iban por el monte solos!
Están los viejos cuchillos,
tiritando bajo el polvo.

A las nueve de la noche
lo llevan al calabozo,
mientras los guardias civiles
beben limonada todos.
Y a las nueve de la noche
le cierran el calabozo,
mientras el cielo reluce
como la grupa de un potro.

geht nun ohne Weidengerte
zwischen den fünf Dreispitzhüten.

‹Wer nur bist du, Antoñito?
Hießest wirklich du Camborio,
hättst du einen Born erschlossen,
draus fünf Strahlen Blutes sprängen.
Aber du bist niemands Sohn,
kein Camborio von Geblüt.
Nimmer gibt es die Zigeuner,
die allein den Berg durchstreiften!
Und die alten Messer frösteln,
überdeckt von Staub, verlassen.›

Um die neunte Abendstunde
führt man hin ihn zum Verlies,
während die Zivilgardisten
alle Limonade trinken.
Um die neunte Abendstunde
schließt man ein ihn ins Verlies,
währenddes der Himmel glänzt
wie die Kruppe eines Fohlens.

Muerte de Antoñito el Camborio

A José Antonio Rubio Sacristán

Voces de muerte sonaron
cerca del Guadalquivir.
Voces antiguas que cercan
voz de clavel varonil.
Les clavó sobre las botas
mordiscos de jabalí.
En la lucha daba saltos
jabonados de delfín.
Bañó con sangre enemiga
su corbata carmesí,
pero eran cuatro puñales
y tuvo que sucumbir.
Cuando las estrellas clavan
rejones al agua gris,
cuando los erales sueñan
verónicas de alhelí,
voces de muerte sonaron
cerca del Guadalquivir.

Antonio Torres Heredia,
Camborio de dura crin,
moreno de verde luna,
voz de clavel varonil:
¿Quién te ha quitado la vida
cerca del Guadalquivir?
Mis cuatro primos Heredias,
hijos de Benamejí.
Lo que en otros no envidiaban,
ya lo envidiaban en mí.

PRIMER ROMANCERO GITANO

Tod Antoñitos el Camborio

[Für José Antonio Rubio Sacristán]

Todesschreie stiegen auf
nahe beim Guadalquivir.
Alte Schreie, die umzingeln
mannesmut'ger Nelke Schrei.
Er durchschlug mit seinen wilden
Eberbissen ihre Schuhe.
In dem Kampfe sprang er Sprünge –
seifenglatt wie ein Delphin.
Tränkte mit der Feinde Blut
satt sein karmesinen Halstuch,
doch es waren vier der Dolche,
darum mußt er unterliegen.
Als die Sterne ihre Speere
in das graue Wasser stießen,
als im Traum die jungen Stiere
in Levkoiencapas drangen,
stiegen Todesschreie auf
nahe beim Guadalquivir.

‹Antonio Torres Heredia,
du Camborio, roßhaarmähnig,
braun, darin der grüne Mond,
mannesmutger Nelke Schrei:
Wer hat dir geraubt das Leben
nahe beim Guadalquivir?›
‹Meine vier Cousins Heredia
aus der Stadt Benamejí.
Keinem haben sie geneidet,
was sie mir voll Neid mißgönnten.

Zapatos color corinto,
medallones de marfil,
y este cutis amasado
con aceituna y jazmín.
¡Ay Antoñito el Camborio
digno de una Emperatriz!
Acuérdate de la Virgen
porque te vas a morir.
¡Ay Federico García!
llama a la Guardia Civil.
Ya mi talle se ha quebrado
como caña de maíz.

Tres golpes de sangre tuvo,
y se murió de perfil.
Viva moneda que nunca
se volverá a repetir.
Un ángel marchoso pone
su cabeza en un cojín.
Otros de rubor cansado,
encendieron un candil.
Y cuando los cuatro primos
llegan a Benamejí,
voces de muerte cesaron
cerca del Guadalquivir.

Die korinthenfarbnen Schuhe,
Medaillons aus Elfenbein,
diese meine Haut, geknetet
aus Oliven und Jasmin.›
‹Ach, Antonio el Camborio,
wert und würdig einer Kaisrin!
Denke an die Heilge Jungfrau,
weil du jetzt wirst sterben müssen.›
‹Ach, García! Federico!
Ruf schnell die Zivilgardisten!
Schon ist mir mein Leib zerbrochen
wie ein Maishalm, der geknickt.›

Dreimal schoß aus ihm das Blut,
und dann starb er – im Profil.
Münze, die lebendig war,
und die nimmermehr geprägt wird.
Seinen Kopf legt auf ein Kissen
würdig mit Getu ein Engel.
Andre, welche matt erröten,
zündeten ein Öllicht an.
Als dann die vier Vettern wieder
kamen nach Benamejí,
hörten auf die Todesschreie
nahe beim Guadalquivir.

Muerto de amor

A Margarita Manso

¿Qué es aquello que reluce
por los altos corredores?
Cierra la puerta, hijo mío,
acaban de dar las once.
En mis ojos, sin querer,
relumbran cuatro faroles.
Será que la gente aquella,
estará fregando el cobre.

Ajo de agónica plata
la luna menguante, pone
cabelleras amarillas
a las amarillas torres.
La noche llama temblando
al cristal de los balcones
perseguida por los mil
perros que no la conocen,
y un olor de vino y ámbar
viene de los corredores.

Brisas de caña mojada
y rumor de viejas voces,
resonaban por el arco
roto de la media noche.
Bueyes y rosas dormían.
Sólo por los corredores
las cuatro luces clamaban
con el furor de San Jorge.
Tristes mujeres del valle

Um Liebe gestorben

{Für Margarita Manso}

‹Was nur leuchtet wohl da oben
in den hohen Galerien?›
‹Schließ die Tür, mein lieber Sohn;
eben hat es elf geschlagen.›
‹Wills nicht, doch mir funkeln schimmernd
vier Laternen in den Augen.›
‹Möglich, daß die Leute oben
ihre Kupfertöpfe blänken.›

Knoblauchzeh aus feinem Silber,
das im Todeskampf ermattet,
legt der Mond, der abnimmt, gelbes
Haargesträhn auf gelbe Türme.
An die Glastürn der Balkone
pocht die Nacht, die bebt und zittert,
hart verfolgt von tausend Hunden –
denn die kennen nicht die Nacht;
und ein Duft von Wein und Ambra
senkt sich von den Galerien.

Brisen aus dem feuchten Schilf
und Geraune alter Stimmen
hallten wider im zerbrochnen
Bogen tiefer Mitternacht.
Rinder schliefen still und Rosen.
Einzig die vier Lichter schrieen
grimmig wie ein Sankt Georg
von den Galerien hoch oben.
Fraun vom Tale trugen traurig

bajaban su sangre de hombre,
tranquila de flor cortada
y amarga de muslo joven.
Viejas mujeres del río
lloraban al pie del monte,
un minuto intransitable
de cabelleras y nombres.
Fachadas de cal, ponían
cuadrada y blanca la noche.
Serafines y gitanos
tocaban acordeones.
Madre, cuando yo me muera
que se enteren los señores.
Pon telegramas azules
que vayan del Sur al Norte.

Siete gritos, siete sangres,
siete adormideras dobles,
quebraron opacas lunas
en los oscuros salones.
Lleno de manos cortadas
y coronitas de flores,
el mar de los juramentos
resonaba, no sé dónde.
Y el cielo daba portazos
al brusco rumor del bosque,
mientras clamaban las luces
en los altos corredores.

niederwärts ihr Mannsgeblüt –
ruhig wie gebrochne Blüte,
bitter wie der Jugend Schenkel.
Alte Fraun vom Flusse weinten
an des Berges Fuß wohl eine
haardurchwirrte, namenvolle,
undurchdringliche Minute.
Kalkfassaden machten weiß
und quadratisch schwarze Nacht.
Seraphine und Zigeuner
spielten Ziehharmonika.
‹Mutter, wenn ich sterben sollte,
laß es schnell die Herrschaft wissen.
Sende blaue Telegramme,
die von Süden gehn nach Norden.›

Sieben Schreie, sieben Blutstrahlen
– zweimal sieben Schlafmohnblüten –
brachen die opaknen Spiegel
in den dunkelen Gemächern.
Voller abgehauner Hände
und voll kleiner Blumenkränze
rauschte auf das Meer der Schwüre,
murrte – doch ich weiß nicht, wo.
Zu dem jähen Waldesbrausen
schlug der Himmel mit den Türen,
während die vier Lichter schrieen
von den Galerien hoch oben.

El emplazado

Para Emilio Aladrén

Romance del emplazado

¡Mi soledad sin descanso!
Ojos chicos de mi cuerpo
y grandes de mi caballo,
no se cierran por la noche
ni miran al otro lado
donde se aleja tranquilo
un sueño de trece barcos.
Sino que limpios y duros
escuderos desvelados,
mis ojos miran un norte
de metales y peñascos
donde mi cuerpo sin venas
consulta naipes helados.

Los densos bueyes del agua
embisten a los muchachos
que se bañan en las lunas
de sus cuernos ondulados.
Y los martillos cantaban
sobre los yunques sonámbulos,
el insomnio del jinete
y el insomnio del caballo.

El veinticinco de junio
le dijeron a el Amargo:
Ya puedes cortar, si gustas,
las adelfas de tu patio.

{Der Vorbestimmte}

{Für Emilio Aladrén}

Romanze vom Vorbestimmten

Meine Einsamkeit ist ruhlos!
Meines Leibes kleine Augen
und die großen meines Pferdes
schließen nachts sich nicht und schauen
auch zur andren Seite nicht,
wo ein Traum von dreizehn Barken
still und langsam sich entfernt.
Vielmehr – blanke, harte Knappen,
wach, betrachten meine Augen
einen Nord von Erz und Felsen,
wo mein Körper ohne Adern
Rat sich holt bei eis'gen Karten.

Und die Wasser – gleich gedrängten
Rindern – falln die Knaben an,
die sich baden in den Monden
ihrer schön gewellten Hörner.
Und die Hämmer sangen auf den
somnambulen Amboßeisen
von des Reiters und des Rosses
nimmer ein sich stellndem Schlaf.

Fünfundzwanzig Tage waren
fast vergangen schon vom Juni,
als man zu Amargo sagte:
‹Nun, hast Lust du, kannst du fällen
deines Hofes Oleander.

Pinta una cruz en la puerta
y pon tu nombre debajo,
porque cicutas y ortigas
nacerán en tu costado,
y agujas de cal mojada
te morderán los zapatos.
Será de noche, en lo oscuro,
por los montes imantados
donde los bueyes del agua
beben los juncos soñando.
Pide luces y campanas.
Aprende a cruzar las manos,
y gusta los aires fríos
de metales y peñascos.
Porque dentro de dos meses
yacerás amortajado.

Espadón de nebulosa
mueve en el aire Santiago.
Grave silencio, de espalda,
manaba el cielo combado.

El veinticinco de junio
abrió sus ojos Amargo,
y el veinticinco de agosto
se tendió para cerrarlos.
Hombres bajaban la calle
para ver al emplazado,
que fijaba sobre el muro
su soledad con descanso.
Y la sábana impecable,
de duro acento romano,
daba equilibrio a la muerte
con las rectas de sus paños.

Mal auf deine Tür ein Kreuz,
schreib darunter deinen Namen,
denn aus deinen Rippen werden
Schierling bald und Nesseln wachsen;
Nadeln, spitz, aus feuchtem Kalk
werden deine Schuh' zerbeißen.
Nacht wirds sein, in tiefstem Dunkel,
auf magnetner Berge Rücken,
wo im Traum des Wassers Rinder
schlürfen ein das schwanke Schilf.
Bitt um Lichter und um Glocken.
Lerne deine Hände falten,
koste auch die kalten Winde,
kalt von Erzen und von Felsen.
Denn gehüllt ins Leichenlaken
streckst du aus dich in zwei Monden.›

Schwert aus Sternennebel schwingt
Sankt Jakobus durch die Luft.
Ernstes, schweres Schweigen quoll
aus gekrümmtem Himmelsrücken.

Am fünfundzwanzigsten Juni
macht' Amargo auf die Augen,
am fünfundzwanzigsten August
streckte er sich aus und schloß sie.
Männer kamen straßenabwärts,
wollten sehn den Vorbestimmten,
der nun auf die Mauer bannte
seine Einsamkeit voll Ruhe.
Und das Leintuch ohne Makel,
harten römischen Akzents,
gab dem Tode Gleichgewicht
mit den Graden seiner Falten.

　　　　　　ZIGEUNER-ROMANZEN

Romance de la Guardia Civil española

A Juan Guerrero.
Cónsul general de la poesía

Los caballos negros son.
Las herraduras son negras.
Sobre las capas relucen
manchas de tinta y de cera.
Tienen, por eso no lloran,
de plomo las calaveras.
Con el alma de charol
vienen por la carretera.
Jorobados y nocturnos,
por donde animan ordenan
silencios de goma oscura
y miedos de fina arena.
Pasan, si quieren pasar,
y ocultan en la cabeza
una vaga astronomía
de pistolas inconcretas.

¡Oh ciudad de los gitanos!
En las esquinas banderas.
La luna y la calabaza
con las guindas en conserva.
¡Oh ciudad de los gitanos!
¿Quién te vio y no te recuerda?
Ciudad de dolor y almizcle
con las torres de canela.

Cuando llegaba la noche
noche que noche nochera,
los gitanos en sus fraguas

Romanze von der spanischen Guardia Civil

{Für Juan Guerrero,
Generalkonsul der Dichtung}

Schwarze Pferde. Schwarze Eisen.
Auf den Capas glänzen Flecken,
die von Tinte sind und Wachs.
Ihre Schädel sind aus Blei,
darum weinen sie auch nie.
Ihre Seelen sind aus Lack -
damit kommen auf der Straße
über Land sie hergeritten.
Bucklig sind sie, nächt'ge Mahre,
ordnen, wo sie auch erscheinen,
Schweigen an aus dunklem Gummi,
Ängste ganz aus feinem Sand.
Ziehn vorüber, wenn sie wollen,
und verheimlichen im Kopf
eine vage Sternenkunde
unersichtlicher Pistolen.

Stadt, o Stadt du der Zigeuner!
Fahnen an den Straßenecken.
Mond und Kürbis mit den Kirschen,
eingemacht in Honigseim.
Stadt, o Stadt du der Zigeuner!
Wer wohl deiner nicht gedächte,
der dich jemals hat gesehn?
Schmerzgetränkte, moschusvolle
Stadt mit deinen zimtnen Türmen.
Pfeile schmiedeten und Sonnen
die Zigeuner in den Schmieden,

forjaban soles y flechas.
Un caballo malherido,
llamaba a todas las puertas.
Gallos de vidrio cantaban
por Jerez de la Frontera.
El viento, vuelve desnudo
la esquina de la sorpresa,
en la noche platinoche
noche, que noche nochera.

La Virgen y San José
perdieron sus castañuelas,
y buscan a los gitanos
para ver si las encuentran.
La Virgen viene vestida
con un traje de alcaldesa
de papel de chocolate
con los collares de almendras.
San José mueve los brazos
bajo una capa de seda.
Detrás va Pedro Domecq
con tres sultanes de Persia.
La media luna, soñaba
un éxtasis de cigüeña.
Estandartes y faroles
invaden las azoteas.
Por los espejos sollozan
bailarinas sin caderas.
Agua y sombra, sombra y agua
por Jerez de la Frontera.

als die Nacht sich niedersenkte,
diese Nacht, die Nacht der Nächte.
Und ein Pferd, zu Tod verwundet,
klopfte laut an alle Türen.
Ob Jerez de la Frontera
krähten Hähne, die aus Glas.
Um der Überraschung Ecke
huscht der nackte Wind herum
in der Nacht, der Silbernacht,
in der Nacht, der Nacht der Nächte.

Heil'ge Jungfrau und Sankt Josef
haben ihre Kastagnetten
in des Zugs Gedräng verloren,
und sie gehn zu den Zigeunern,
um zu sehn, ob sie sich finden.
Einer Bürgermeistrin Festkleid
– Schokoladeglanzpapier –
trägt die Jungfrau; und am Hals
hangen Kettchen ihr aus Mandeln.
San José bewegt die Arme
unter einer seidnen Capa.
Mit drei Perserfürsten geht
hinterher Pedro Domecq.
Und von einer Storchekstase
träumte es dem halben Mond.
Flatternde Standarten, Lämpchen
überfluten die Altane.
In den großen Spiegeln schluchzen
Tänzerinnen ohne Hüften.
Wasser, Schatten, Schatten, Wasser
durch Jerez de la Frontera.

¡Oh Ciudad de los gitanos!
En las esquinas banderas.
Apaga tus verdes luces
que viene la benemérita.
¡Oh ciudad de los gitanos!
¿Quién te vio y no te recuerda?
Dejadla lejos del mar
sin peines para sus crenchas.

Avanzan de dos en fondo
a la ciudad de la fiesta.
Un rumor de siemprevivas,
invade las cartucheras.
Avanzan de dos en fondo.
Doble nocturno de tela.
El cielo, se les antoja,
una vitrina de espuelas.

La ciudad libre de miedo,
multiplicaba sus puertas.
Cuarenta guardias civiles
entran a saco por ellas.
Los relojes se pararon,
y el coñac de las botellas
se disfrazó de noviembre
para no infundir sospechas.
Un vuelo de gritos largos
se levantó en las veletas.
Los sables cortan las brisas
que los cascos atropellan.
Por las calles de penumbra,

PRIMER ROMANCERO GITANO

Stadt, o Stadt du der Zigeuner!
Fahnen an den Straßenecken.
Lösche deine grünen Lichter,
denn die Hochverdiente[*] kommt.
Stadt, o Stadt du der Zigeuner!
Wer wohl deiner nicht gedächte,
der dich jemals hat gesehn?
Laßt weit fort sie nur vom Meer,
kämmt nicht ihr gescheitelt Haar.

Nacheinander und zu zweit
rücken sie zur Feststadt vor.
Ein Geraun von Immortellen
dringt in die Patronentaschen.
Und sie rücken vor zu zweit.
Zweifaches Gespinstnotturno.
Himmel ist für sie nur eine
Schauvitrine voller Sporen.

Doch die Stadt war ohne Furcht
und vervielfacht' ihre Tore.
Vierzig Guardias Civiles
dringen durch sie ein und plündern.
Stehen blieben da die Uhren,
und, um nicht Verdacht zu wecken,
hat der Cognac in den Flaschen
rasch maskiert sich als November.
Lang gezogne Schreie flogen
auf von allen Wetterfahnen.
Hufe stampfen Brisen nieder,
die von Säbeln sind durchschnitten.
Durch der Straßen halbes Dunkel

* *Beiname der Guardia Civil*

huyen las gitanas viejas
con los caballos dormidos
y las orzas de monedas.
Por las calles empinadas
suben las capas siniestras,
dejando detrás fugaces
remolinos de tijeras.

En el Portal de Belén,
los gitanos se congregan.
San José, lleno de heridas,
amortaja a una doncella.
Tercos fusiles agudos
por toda la noche suenan.
La Virgen cura a los niños
con salivilla de estrella.
Pero la Guardia Civil
avanza sembrando hogueras,
donde joven y desnuda
la imaginación se quema.
Rosa la de los Camborios,
gime sentada en su puerta
con sus dos pechos cortados
puestos en una bandeja.
Y otras muchachas corrían
perseguidas por sus trenzas,
en un aire donde estallan
rosas de pólvora negra.
Cuando todos los tejados
eran surcos en la tierra,
el alba meció sus hombros
en largo perfil de piedra.

fliehen die Zigeunerinnen,
die ganz alten, mit den Pferden
– müd und schläfrig – und mit ihren
Einmachtöpfen voller Münzen.
Durch die steilen, engen Straßen
flattern auf die Unheilscapas;
hinter ihrem Rücken lassen
flücht'ge Wirbel sie von Scheren.

Unterm Tor von Bethlehem
sammeln nun sich die Zigeuner.
San José, bedeckt mit Wunden,
hüllt ein totes Mägdlein ein.
Störrische Gewehre gellen
grell die ganze Nacht hindurch.
Und mit feinem Sternenspeichel
heilt die Heilge Jungfrau Kinder.
Aber die Gardisten rücken
vor und säen Scheiterhaufen,
drauf die Imagination,
jung und nackend, bald verbrannt wird.
Rosa, die von den Camborios,
hockt in ihrer Tür und ächzt –
beide Brüste, abgeschnitten,
hingelegt auf eine Schale.
Andre Mädchen wieder rannten
– und verfolgt von ihren Zöpfen –
hin in eine Luft, wo Rosen
auf aus schwarzem Pulver bersten.
Als dann aller Häuser Dächer
Furchen in der Erde waren,
wiegt' das Morgengraun in langem
steinernem Profil die Schultern.

¡Oh ciudad de los gitanos!
La Guardia Civil se aleja
por un túnel de silencio
mientras las llamas te cercan.

¡Oh ciudad de los gitanos!
¿Quién te vio y no te recuerda?
Que te busquen en mi frente.
Juego de luna y arena.

Stadt, o Stadt du der Zigeuner!
Die Zivilgardisten reiten
fort durch einen Schweigetunnel,
während Flammen dich umzüngeln.

Stadt, o Stadt du der Zigeuner!
Wer wohl deiner nicht gedächte,
der dich jemals hat gesehn?
Suchet sie auf meiner Stirn.
Spiel des Mondes und des Sands.

Tres romances históricos

Martirio de Santa Olalla

A Rafael Martínez Nadal

I

Panorama de Mérida

Por la calle brinca y corre
caballo de larga cola,
mientras juegan o dormitan
viejos soldados de Roma.
Medio monte de Minervas
abre sus brazos sin hojas.
Agua en vilo redoraba
las aristas de las rocas.
Noche de torsos yacentes
y estrellas de nariz rota,
aguarda grietas del alba
para derrumbarse toda.
De cuando en cuando sonaban
blasfemias de cresta roja.
Al gemir la santa niña,
quiebra el cristal de las copas.
La rueda afila cuchillos
y garfios de aguda comba:
brama el toro de los yunques,
y Mérida se corona
de nardos casi despiertos
y tallos de zarzamora.

Drei historische Romanzen

Martyrium der heiligen Eulalia

{Für Rafael Martínez Nadal}

I. Panorama von Mérida

Durch die Straße springt und läuft,
langgeschweift, ein dunkles Pferd,
während alte Krieger Roms
spielen oder ruhig schlummern.
Geradezu ein halber Berg
von Minerven breitet seine
Arme ohne Blätter aus.
Wasserdunst schwebt' um die Felsen
und vergoldete die Grate.
Nacht von hingestreckten Torsen
und zerbrochnen Sternennasen
wartet auf der Dämmrung Risse,
um alsbald ganz einzustürzen.
Dann und wann erscholln von rotem
Kamme laute Lästerungen.
Wenn das heil'ge Mädchen seufzt,
bricht das Glas der Weinpokale.
Messer schleift das Rad und Kanten
scharf gekrümmter spitzer Haken.
Amboßhörnerstiere brüllen,
während Mérida sich kränzt
mit beinah erwachten Narden
und Gezweig von Brombeersträuchern.

II

El martirio

Flora desnuda se sube
por escalerillas de agua.
El Cónsul pide bandeja
para los senos de Olalla.
Un chorro de venas verdes
le brota de la garganta.
Su sexo tiembla enredado
como un pájaro en las zarzas.
Por el suelo, ya sin norma,
brincan sus manos cortadas
que aún pueden cruzarse en tenue
oración decapitada.
Por los rojos agujeros
donde sus pechos estaban
se ven cielos diminutos
y arroyos de leche blanca.
Mil arbolillos de sangre
le cubren toda la espalda
y oponen húmedos troncos
al bisturí de las llamas.
Centuriones amarillos
de carne gris, desvelada,
llegan al cielo sonando
sus armaduras de plata.
Y mientras vibra confusa
pasión de crines y espadas,
el Cónsul porta en bandeja
senos ahumados de Olalla.

II. Martyrium

Flora, nackend, steigt empor
über kleine Wassertreppchen.
Für Eulalias beide Brüste
fordert ein Tablett der Konsul.
An der Kehle bricht hervor
ihr ein Schwall aus grünen Adern.
Ihr Geschlecht zuckt wie ein Vogel,
der sich in Gedörn verfangen.
Ihre abgehaunen Hände
hüpfen regellos am Boden,
doch sie können sich noch falten
in geköpftem, leisem Beten.
Über roten Kratern sieht man,
wo die Brüste waren, Rinnsel
weißer Milch und winz'ge Himmel.
Tausend blutentsprungne Bäumchen
decken ihr den ganzen Rücken,
stellen ihre feuchten Stämme
wider das Skalpell der Flammen.
Gelbe Zenturionen – grauen,
nachtzerwachten Fleischs – erschüttern
selbst den Himmel oben, klirrend
mit den blinken Silberpanzern.
Wie nun wirre Leidenschaften
von Schwertern und Mähnen zittern,
beut der Konsul auf der Schale
dar Eulalias rauch'ge Brüste.

III

Infierno y gloria

Nieve ondulada reposa.
Olalla pende del árbol.
Su desnudo de carbón
tizna los aires helados.
Noche tirante reluce.
Olalla muerta en el árbol.
Tinteros de las ciudades
vuelcan la tinta despacio.
Negros maniquís de sastre
cubren la nieve del campo
en largas filas que gimen
su silencio mutilado.
Nieve partida comienza.
Olalla blanca en el árbol.
Escuadras de níquel juntan
los picos en su costado.

Una Custodia reluce
sobre los cielos quemados,
entre gargantas de arroyo
y ruiseñores en ramos.
¡Saltan vidrios de colores!
Olalla blanca en lo blanco.
Ángeles y serafines
dicen: Santo, Santo, Santo.

III. Hölle und Heiligung

Ruhig liegt gewellter Schnee.
An dem Baume hangt Eulalia.
Ihrer Leibesblöße Kohle
schwärzt die eiseskalten Lüfte.
Strahlend spannt sich aus die Nacht.
Tot am Baume hangt Eulalia.
Aller Städte Tintenfässer
gießen langsam aus die Tinte.
Schwarze Schneiderpuppenbüsten
überziehn den Schnee der Felder –
lange Reihn, die ihre Stille,
die verstümmelt ward, beseufzen.
Schnee fängt reichlich an zu fallen.
Weiß am Baume hangt Eulalia.
Nickelklammern pressen ihre
Spitzen ein in ihre Seite.

Über den verbrannten Himmeln
zwischen engen Wildbachschluchten
und Gezweig voll Nachtigallen
strahlt ein Ostensorium.
Fenster voller Farbe tanzen!
Weiß im Weißen ist Eulalia.
Alle Seraphim und Engel
rufen: Heilig! Heilig! Heilig!

Burla de Don Pedro a caballo

Romance con lagunas

A Jean Cassou

Por una vereda
venía Don Pedro.
¡Ay cómo lloraba
el caballero!
Montado en un ágil
caballo sin freno,
venía en la busca
del pan y del beso.
Todas las ventanas
preguntan al viento,
por el llanto oscuro
del caballero.

Spottverse auf Don Pedro zu Pferd

Romanze mit Lagunen

(Für Jean Cassou)

Auf einem Pfade
kam Don Pedro.
Ach, wie weinte
der Caballero!
Er ritt ein wendiges
Roß ohne Zügel
und war auf der Suche
nach Brot und nach Küssen.
Alle Fenster
fragen den Wind
nach dem dunkelen Jammer
des Caballeros.

Primera laguna

Bajo el agua
siguen las palabras.
Sobre el agua
una luna redonda
se baña,
dando envidia a la otra
¡tan alta!
En la orilla,
un niño,
ve las lunas y dice:
¡Noche; toca los platillos!

Erste Lagune

Unter dem Wasser
wird weitergesprochen.
Über dem Wasser
badet ein runder
Mond sich und füllt
den dort hoch oben!,
den andren
mit Neid.
Am Ufer ein Kind
sieht die Monde und ruft:
‹Nacht, schlag die Becken!›

Sigue

A una ciudad lejana
ha llegado Don Pedro.
Una ciudad lejana
entre un bosque de cedros.
¿Es Belén? Por el aire
yerbaluisa y romero.
Brillan las azoteas
y las nubes. Don Pedro
pasa por arcos rotos.
Dos mujeres y un viejo
con velones de plata
le salen al encuentro.
Los chopos dicen: No.
Y el ruiseñor: Veremos.

Fortsetzung

Don Pedro kam an
in sehr ferner Stadt.
Eine sehr ferne Stadt
im Zedernwald.
Ists Bethlehem?
In der Luft ist ein Duft
von Rosmarin und Luisenkraut.
Die Söller erglänzen,
es glänzen die Wolken.
Don Pedro durchreitet
zerbrochene Bögen.
Zwei Fraun und ein Greis
mit silbernen Lampen
gehn ihm entgegen.
Es sagen die Pappeln:
‹Nein!› Und die Nachtigall:
‹Wir werden ja sehn.›

Segunda laguna

Bajo el agua
siguen las palabras.
Sobre el peinado del agua
un círculo de pájaros y llamas.
Y por los cañaverales,
testigos que conocen lo que falta.
Sueño concreto y sin norte
de madera de guitarra.

Zweite Lagune

Unter dem Wasser
wird weitergesprochen.
Über den Locken des Wassers
kreisen Vögel und Flammen.
Und im Röhricht sind Zeugen,
die wissen, was fehlt.
Konkreter Traum ohne Nord
aus dem Holz der Gitarre.

Sigue

Por el camino llano
dos mujeres y un viejo
con velones de plata
van al cementerio.
Entre los azafranes
han encontrado muerto
el sombrío caballo
de Don Pedro.
Voz secreta de tarde
balaba por el cielo.
Unicornio de ausencia
rompe en cristal su cuerno.
La gran ciudad lejana
está ardiendo
y un hombre va llorando
tierras adentro.
Al Norte hay una estrella.
Al Sur un marinero.

Fortsetzung

Zum Friedhofe gehn
auf dem ebenen Weg
zwei Fraun und ein Greis
mit silbernen Lampen.
Im Safranblust fanden
das Roß sie Don Pedros,
das traurige, tot.
Des Abends geheime
Stimme
blökte am Himmel.
Nicht-wesendes Einhorn
zerbricht in Kristall
sein Einhorn.
Die ferne Stadt
steht nun in Flammen,
und ein Mann marschiert
weinend landeinwärts.
Im Norden ein Stern.
Im Süden ein Seemann.

Última laguna

Bajo el agua
están las palabras.
Limo de voces perdidas.
Sobre la flor enfriada,
está Don Pedro olvidado
¡ay! jugando con las ranas.

Letzte Lagune

Unter dem Wasser
bleiben die Worte.
Schlamm verlorner,
versunkener Stimmen.
Auf des Wassers
erkaltetem Spiegel
ist Don Pedro, vergessen,
spielt, ach!, mit den Fröschen.

Thamar y Amnón

Para Alfonso García Valdecasas

La luna gira en el cielo
sobre las tierras sin agua
mientras el verano siembra
rumores de tigre y llama.
Por encima de los techos
nervios de metal sonaban.
Aire rizado venía
con los balidos de lana.
La tierra se ofrece llena
de heridas cicatrizadas,
o estremecida de agudos
cauterios de luces blancas.

Thamar estaba soñando
pájaros en su garganta,
al son de panderos fríos
y cítaras enlunadas.
Su desnudo en el alero,
agudo norte de palma,
pide copos a su vientre
y granizo a sus espaldas.
Thamar estaba cantando
desnuda por la terraza.
Alrededor de sus pies,
cinco palomas heladas.
Amnón, delgado y concreto,
en la torre la miraba,
llenas las ingles de espuma
y oscilaciones la barba.
Su desnudo iluminado

Tamár und Amnón

[Für Alfonso García Valdecasas]

Tief am Himmel kreist der Mond
über wasserlosen Äckern,
die der Sommer mit Gemunkel
übersät von Tigern, Flammen.
Über alle Dächer klangen
sirrend Nerven aus Metall.
Und mit wolligem Geblök
kam daher gelockte Luft.
Voll vernarbter Wunden oder
schaudernd in der weißen Lichter
Ätzbrand bot sich dar die Erde.

Träume träumte es Tamár –
daß ihr Vögel in der Kehle
sängen zum Getöne kalter
Tamburine und zum Klingen
Licht und Mond gewordner Zithern.
Ihre Nacktheit auf dem Schirmdach
– einer Palme scharfer Nord –
wünscht für ihren Leib sich Schnee
und für ihre Schultern Hagel.
Auf der Dachterrasse sang
nackt Tamár. Um ihre Füße
saßen fünf erstarrte Tauben.
Schlank und witternd und konkret,
sah Amnón ihr zu vom Turm –
seine Weichen voller Schaum,
und sein Bart bewegt' sich zitternd.
Seine Glanz verstrahlnde Nacktheit

se tendía en la terraza,
con un rumor entre dientes
de flecha recién clavada.
Amnón estaba mirando
la luna redonda y baja,
y vio en la luna los pechos
durísimos de su hermana.

Amnón a las tres y media
se tendió sobre la cama.
Toda la alcoba sufría
con sus ojos llenos de alas.
La luz maciza, sepulta
pueblos en la arena parda,
o descubre transitorio
coral de rosas y dalias.
Linfa de pozo oprimida,
brota silencio en las jarras.
En el musgo de los troncos
la cobra tendida canta.
Amnón gime por la tela
fresquísima de la cama.
Yedra del escalofrío
cubre su carne quemada.
Thamar entró silenciosa
en la alcoba silenciada,
color de vena y Danubio,
turbia de huellas lejanas.
Thamar, bórrame los ojos
con tu fija madrugada.
Mis hilos de sangre tejen
volantes sobre tu falda.

streckte aus sich auf dem Flachdach,
und ein Laut entfuhr den Zähnen
wie der Einschlag eines Pfeils.
Und Amnón versenkte seine
Augen in den runden Mond –
sah im runden, niedern Monde
seiner Schwester harte Brüste.

Um der vierten Stunde Hälfte
streckt' Amnón sich auf sein Bett.
Selbst das ganze Schlafgemach
litt mit seinen Flügelaugen.
Dichtes, volles Licht begräbt
Dörfer im graubraunen Sande
oder es enthüllt von Rosen
und von Dahlien ein vergehndes,
flüchtiges Korallenrot.
Wasser, unterdrückt in Brunnen,
treibt in Krügen Schweigen auf.
In der Stämme dunklem Moos
zischt die ausgestreckte Cobra.
Zwischen seines Bettes frischem
kaltem Leinen stöhnt Amnón.
Fieberefeu überdeckt
schauernd sein verbranntes Fleisch.
Still betrat das still gewordne
Schlafgemach Tamár – wie Vene,
Wien und Donau in der Farbe,
trüb von fernen, fernen Spuren.
‹Blend, Tamár, mit deinem steten
Morgenanbruch meine Augen.
Meines Blutes Fäden weben
um den Rock dir Spitzenfalbeln.›

383

Déjame tranquila, hermano.
Son tus besos en mi espalda,
avispas y vientecillos
en doble enjambre de flautas.
Thamar, en tus pechos altos
hay dos peces que me llaman
y en las yemas de tus dedos
rumor de rosa encerrada.

Los cien caballos del rey
en el patio relinchaban.
Sol en cubos resistía
la delgadez de la parra.
Ya la coge del cabello,
ya la camisa le rasga.
Corales tibios dibujan
arroyos en rubio mapa.

¡Oh, qué gritos se sentían
por encima de las casas!
Qué espesura de puñales
y túnicas desgarradas.
Por las escaleras tristes
esclavos suben y bajan.
Émbolos y muslos juegan
bajo las nubes paradas.
Alrededor de Thamar
gritan vírgenes gitanas
y otras recogen las gotas
de su flor martirizada.
Paños blancos, enrojecen
en las alcobas cerradas.
Rumores de tibia aurora
pámpanos y peces cambian.

‹Bruder, laß mich doch in Ruhe.
Wespen sind und Zephirhauche
– doppeltes Geschwärm von Flöten –
deine Küsse meiner Schulter.›
‹Hoch von deinen hohen Brüsten
rufen mir, Tamár, zwei Fische.
In den Knospen deiner Finger
raunt es von gefangner Rose.›
Und des Königs hundert Rosse
wieherten im innern Hof.
Wider Sonnenflut aus Zubern[1]
stand der Rebenlaube Zartheit.
Da ergreift er sie beim Haar.
Da zerreißt er ihr das Hemd.
Lauliche Korallen zeichnen
Rinnsel ein in blonde Karte.

O, was man für Schreie hörte
über alle Häuser schallen!
Welch ein Dickicht da von Dolchen
und von Tunikas in Fetzen!
Auf den düstern Treppen rennen
trübe Sklaven auf und ab.
Spiel von Kolben und von Schenkeln
unter den erstarrten Wolken.
Gellend schrein Zigeunerjungfraun,
die Tamár bestürzt umringen.
Andre lesen auf die Tropfen
ihrer martervollen Blüte.
Weiße Tücher werden rot
in verschlossenen Alkoven.
Und von lauer Morgenröte
tuscheln Weingerank und Fische.

1   *cubos:* «Eimer»; «Kuben».

Violador enfurecido,
Amnón huye con su jaca.
Negros le dirigen flechas
en los muros y atalayas.
Y cuando los cuatro cascos
eran cuatro resonancias,
David con unas tijeras
cortó las cuerdas del arpa.

Ein in Wut entbrannter Schänder,
flieht Amnón auf seinem Pferdchen.
Neger schnellen ihm von Mauern
und von Warten Pfeile nach.
Als dann die vier Pferdehufe
nur vier Resonanzen waren,
da zerschnitt mit einer Schere
David seiner Harfe Saiten.

Bibliografische Information der Deutschen Nationalbibliothek

Die Deutsche Nationalbibliothek verzeichnet
diese Publikation in der Deutschen Nationalbibliografie;
detaillierte bibliografische Daten sind im Internet
über http://dnb.d-nb.de abrufbar.

© für diese Ausgabe:
Wallstein Verlag, Göttingen 2008
© für die Textgestalt der Originaltexte Federico García Lorcas:
Galaxia Gutenberg, Barcelona
© für die Übersetzungen Enrique Becks:
Heinrich Enrique Beck-Stiftung, Basel
www.wallstein-verlag.de
Vom Verlag gesetzt aus der Stempel Garamond
Umschlaggestaltung: Susanne Gerhards, Düsseldorf
unter Verwendung der Zeichnung «Amor» von
Federico García Lorca (Buenos Aires 1934,
© Herederos de Federico García Lorca)
Druck: Friedrich Pustet, Regensburg
ISBN 978-3-89244-961-4